बिज़नेस स्ट्रैटजी

ब्रायन ट्रेसी सक्सेस सीरीज़ के अंतर्गत मंजुल द्‌वारा प्रकाशित अन्य पुस्तकें :

1. लीडरशिप
2. मैनेजमेंट
3. टाइम मैनेजमेंट
4. पर्सनल सक्सेस
5. सेल्स सक्सेस
6. मीटिंग्स दैट गेट रिज़ल्ट्ज़
7. मार्केटिंग
8. मोटिवेशन
9. निगोशिएशन

बिज़नेस स्ट्रैटजी

ब्रायन ट्रेसी

अनुवाद : डॉ. सुधीर दीक्षित

मंजुल पब्लिशिंग हाउस

मंजुल पब्लिशिंग हाउस

कॉरपोरेट एवं संपादकीय कार्यालय

• द्वितीय तल, उषा प्रीत कॉम्प्लेक्स, 42 मालवीय नगर, भोपाल-462 003

विक्रय एवं विपणन कार्यालय

• सी-16, सेक्टर 3, नोएडा, उत्तर प्रदेश, 201301

वेबसाइट : www.manjulindia.com

वितरण केन्द्र

अहमदाबाद, बेंगलुरू, कोच्चि, कोलकाता, चेन्नई,
हैदराबाद, मुम्बई, नई दिल्ली, पुणे

ब्रायन ट्रेसी द्वारा लिखित मूल अंग्रेजी पुस्तक
बिज़नेस स्ट्रैटजी का हिन्दी अनुवाद

Business Strategy by Brian Tracy – Hindi Edition

बिज़नेस स्ट्रैटेजी

मूल रूप से अमेरिकन मैनेजमेंट असोसिएशन इंटरनैशनल,
न्यू यॉर्क के प्रभाग ऐमेकॉम द्वारा प्रकाशित

यह हिन्दी संस्करण 2019 में पहली बार प्रकाशित
7वीं आवृत्ति 2026

ISBN 978-93-89143-67-6

अनुवाद : डॉ. सुधीर दीक्षित

मुद्रण व जिल्दसाज़ी : मणिपाल टेक्नोलॉजीज़ लिमिटेड, मणिपाल

अनुक्रमणिका

प्रस्तावना

हम सभी के जीवन में निर्णायक मोड़ आते हैं, जिनके बाद सब कुछ बदल जाता है। बीस के पार होने पर एक दिन मैं संयोग से लक्ष्यों के विषय पर पहुँच गया। नतीजा यह हुआ कि तीस दिन के भीतर ही मेरी ज़िंदगी पूरी तरह से बदल गई।

उसके बाद आज तक के वर्षों में मैंने लक्ष्यों का अध्ययन किया और सीखा कि वे कारोबारी और निजी दोनों तरह की सफलता के लिए कितने महत्त्वपूर्ण होते हैं। एक बात पता चलने पर मैं दंग रह गया। वह बात यह थी कि व्यवसाय और उद्योग के सभी स्तरों पर 3 प्रतिशत से भी कम लोगों के पास अपने जीवन के लिए स्पष्ट, निश्चित, लिखित, समय सीमा वाले लक्ष्य थे, जिनकी दिशा में वे हर दिन काम करते थे।

जब मैं अपने जीवन में लक्ष्य तय करने लगा और स्पष्ट निश्चित लक्ष्यों की दिशा में काम करने से होने वाले उल्लेखनीय परिवर्तनों का अनुभव करने लगा, तो इसके बाद मैं रणनीति के विषय में रुचि लेने लगा, ख़ास तौर पर कारोबारी रणनीति में, जो वास्तव में व्यावसायिक लक्ष्य तय करने के बारे में है। कई साल तक मैंने इतिहास के अग्रणी सेनापतियों का अध्ययन किया है, जिससे मैंने यह सीखा कि उन्होंने कई बार तो बेहद प्रतिकूल परिस्थितियों में असाधारण विजय हासिल करने के लिए सामरिक या रणनीतिक सोच का इस्तेमाल कैसे किया।

पिछले तीन दशकों से ज़्यादा समय में मैं संसार के 1,000 से ज़्यादा सबसे बड़े कॉरपोरेशनों और 10,000 छोटी व मझौली कंपनियों के साथ काम कर चुका हूँ। मैं रणनीतिक नियोजन के विषय से मंत्रमुग्ध हूँ, क्योंकि मैं जानता हूँ कि किसी भी आकार की कंपनी पर इसका बहुत ज़्यादा प्रभाव पड़ सकता है।

मेरा अनुभव बताता है कि ज़्यादातर कंपनियों के पास कोई रणनीतिक योजना होती ही नहीं है। उनके पास बजट होता है। उनके पास बिक्री के अनुमानित आँकड़े होते हैं। उनके पास कामकाजी योजनाएँ होती हैं। उनके पास आशाएँ, स्वप्न और महत्वाकांक्षाएँ होती हैं, लेकिन संगठन के भविष्य को मूर्त रूप देने की असली रणनीतिक योजना नहीं होती। वे आज जहाँ हैं, वहाँ से वे जहाँ पहुँचना चाहती हैं, वहाँ तक वे कैसे पहुँचेंगी, इसकी बहुत कम कंपनियों के पास वास्तविक रणनीतिक योजना होती है।

बिज़नेस मॉडल नवाचार

हम इतिहास के सबसे नाटकीय परिवर्तन वाले युग में रह रहे हैं। जिस बिज़नेस मॉडल ने लंबे समय तक कुछ कंपनियों के लिए बहुत अच्छी तरह काम किया था, वह आज बिलकुल भी काम नहीं करता है। कारोबारी माहौल बदलने पर ब्लॉकबस्टर और बॉर्डर्स बुक्स जैसी कंपनियाँ दो साल में ही मार्केट लीडर से दिवालियेपन तक पहुँच गईं।

बिज़नेस मॉडल का नवाचार आज किसी कारोबार की सफलता या असफलता को तय करने वाले सबसे चर्चित विषयों में से एक है। विशेषज्ञों के अनुसार, आज की पूरी 80 प्रतिशत कंपनियाँ दक़ियानूसी बिज़नेस मॉडलों के साथ अपने अस्तित्व को बचाए रखने और फलने-फूलने की कोशिश कर रही हैं। ज़रा देखें कि अख़बारों, पत्रिकाओं और पारंपरिक मीडिया के साथ क्या हो रहा है। वे गंभीर मुश्किल में हैं।

आपका सबसे महत्त्वपूर्ण काम

वह सबसे महत्त्वपूर्ण काम कौन सा है, जो आप करते हैं। जवाब है 'सोचना'। आप कौन हैं, आप क्या चाहते हैं और अपनी कंपनी या व्यवसाय के लिए आप अद्भुत भविष्य कैसे बनाएँ, इस बारे में स्पष्टता से सोचने की आपकी योग्यता आपके किसी भी दूसरे काम से ज़्यादा महत्त्वपूर्ण है। आगे के पन्नों में मैं आपको रणनीतिक नियोजन के बारे में कुछ सबसे शक्तिशाली, सहायक और महत्त्वपूर्ण विचार बताऊँगा। आप सीखेंगे कि अतीत के मुक़ाबले ज़्यादा अच्छी तरह कैसे सोचें, ज़्यादा स्पष्टता से कैसे सोचें और अपने व्यवसाय के भविष्य के बारे में बेहतर निर्णय कैसे लें।

इस पुस्तक का हर विचार पढ़कर आप उन कार्यों के बारे में अपने ख़ुद के विचार सोचेंगे, जिन्हें आप तुरंत करके बेहतर परिणाम पा सकते हैं। आपको दिख जाएगा कि आप अपने व्यवसाय में किन चीज़ों को बदल सकते हैं या बेहतर बना सकते हैं, तुरंत ही। चाहे आप एक व्यक्ति वाली कंपनी हों या अंतरराष्ट्रीय दिग्गज हों, जब आप और आपके साथ के लोग *कारोबारी रणनीति* के सिद्धांतों पर अमल करते हैं, तो आप पाएँगे कि आप चंद सालों में ही इतना हासिल कर लेंगे, जितना दूसरी कंपनियाँ इसके बिना पाँच-दस सालों में हासिल कर पाएँगी या शायद कभी हासिल नहीं कर पाएँगी।

रणनीतिक दृष्टि से सोचकर और काम करके आप अपना मुनाफ़ा बढ़ा लेंगे। आप अपनी कंपनी और करियर में मिलने वाली संतुष्टि के स्तर को भी बढ़ा लेंगे। आपकी गुणवत्ता का स्तर बढ़ेगा और बाज़ार में पैठ भी बढ़ जाएगी। सबसे बढ़कर, आपके मन में यह ज़बर्दस्त भावना होगी कि अपनी व्यक्तिगत और कारोबारी तक़दीर की बागडोर आपके ख़ुद के हाथों में है। एक-दो साल बाद आप पीछे पलटकर देखेंगे और कहेंगे, "हम बिलकुल यहीं पर पहुँचना चाहते थे।"

1

रणनीति का परिचय

सिकंदर महान

आइए मैं आपका परिचय इस धरती पर आज तक रहने वाले सबसे उत्कृष्ट सामरिक इंसान से कराता हूँ। एक तरह से देखें, तो यह व्यक्ति शुरुआत में एक बड़े संगठन में कनिष्ठ मैनेजर था और वह तरक्क़ी करते-करते ऊपर पहुँचा। उसका नाम सिकंदर था। सिकंदर के पिता संगठन के मुखिया थे और वे भी ज़मीनी स्तर से तरक्क़ी करते-करते ऊपर पहुँचे थे।

सिकंदर अपने पिता का बहुत बड़ा प्रशंसक था, उसने उनसे बहुत कुछ सीखा और बड़े होते समय उनके मार्गदर्शन में अध्ययन किया। सिकंदर के पास एक बड़ा संगठन बनाने के बड़े सपने और महत्वाकांक्षाएँ थीं - वह अपने पिता के संगठन से बहुत बड़ा संगठन बनाना चाहता था।

मैं जिस सिकंदर की बात कर रहा हूँ, वे मैसेडॉन के सिकंदर थे, जो सिकंदर महान के नाम से मशहूर हुए। वे मानव इतिहास के पहले और चंद लोगों में से एक थे, जिन्हें उनके जीवनकाल और बाक़ी इतिहास में 'महान' कहा गया।

अनपेक्षित तरक्क़ी

जब सिकंदर की उम्र 20 साल थी, तो उनके पिता की हत्या हो गई। सिकंदर तुरंत मैसेडॉन के राजा बन गए।

मैसेडोनिया उत्तरी ग्रीस का एक क़बीला था, जो आज का मैसेडोनिया है। वहाँ के लोग कठोर, जाँबाज़ और सैनिक थे। सिकंदर के पिता फ़िलिप के नेतृत्व में मैसेडोनिया ने पूरे ग्रीस को जीतकर उस पर आधिपत्य जमा लिया था।

सिकंदर की जगह लेने वाले शत्रु या 'बाज़ार प्रतिस्पर्धी' भारी तादाद में थे, जो सिकंदर के घर के भीतर थे, उनकी और उनके पिता की सेना के भीतर थे और ग्रीस के दूसरे क़बीलों या प्रजातियों में भी थे। जैसे ही सिकंदर सम्राट बने, उन्हें यह बात पता चल गई कि उन्हें मारने के लिए कई षड्यंत्र और कई योजनाएँ तैयार की जा रही थीं, ताकि ग्रीस के नगर-राज्य मैसेडोनिया के आधिपत्य से स्वतंत्र हो जाएँ।

लीडर बागडोर थामते हैं

सिकंदर ने तुरंत बागडोर थाम ली, जैसा कि लीडर हमेशा करते हैं। उन्होंने सबसे पहले तो अपनी सेना में मौजूद गद्दार तत्वों का दमन किया, फिर उन्होंने तुरंत ही अपनी सेना का पुनर्गठन किया, अपने सेनापतियों व अधिकारियों को सही जगह पर नियुक्त किया और फिर कूच करके अपने ख़िलाफ़ आने वाली सेनाओं को हराया। उन्होंने कम समय में आश्चर्यजनक विजयें हासिल कीं। इसके फलस्वरूप उन्हें 21 साल की उम्र में ही पूरे ग्रीस का स्वामी माना जाने लगा और स्वीकार किया जाने लगा।

सभी सामरिक योजनाकारों की तरह ही सिकंदर का भी एक *मिशन* या जीवन-लक्ष्य था। उनका मिशन बहुत महत्वाकांक्षी था। वे चाहते थे कि पूरे संसार में ग्रीक संस्कृति की पहचान बने और यह पूरे संसार में फैल

जाए। उनकी दीर्घकालीन सामरिक योजना यह थी कि वे संसार के सारे देशों को जीतकर ग्रीस का आधिपत्य जमा लें।

विलय और अधिग्रहण की रणनीति

सिकंदर बहुत चतुर थे। उन्होंने जो राज्य जीते, उनमें कोई ख़लल नहीं डाला। इसके बजाय उन्होंने इतिहास में पहली बार 'विलय और अधिग्रहण रणनीति' का इस्तेमाल किया। अगर शत्रु राजा बिना लड़े समर्पण कर देते थे, तो सिकंदर उन्हें शासन करने देते थे। वे बस इतना चाहते थे कि समर्पण करने वाले राजा हर साल ग्रीस को एक उपहार दें, काफ़ी हद तक कॉरपोरेट इन्कम टैक्स की तरह। बाक़ी सब कुछ पहले जैसा ही रहता था। फ़र्क़ बस इतना होता था कि अब वे ग्रीक साम्राज्य और मैसेडोनिया के संरक्षण में थे।

सिकंदर और भी आगे तक गए। वे नए जीते राज्यों के सैनिकों को आमंत्रित करते थे कि वे उनकी सेना में शामिल हो जाएँ और दूसरे राज्य जीतने से मिलने वाले पुरस्कारों में हिस्सा लें।

जब सिकंदर दक्षिण और मध्य पूर्व में गए, तो ज़्यादा राज्य और क़बीले उनके साथ जुड़ते चले गए। उन्होंने बिना लड़े हार मान ली और वे उनकी सेना का हिस्सा बन गए, लेकिन अब भी एक समस्या थी।

मुख्य प्रतिस्पर्धी

विश्व पर वर्चस्व जमाने के लिए सिकंदर के मुख्य प्रतिस्पर्धी थे फारस के डेरियस, जो उस युग के सबसे बड़े साम्राज्य का नेतृत्व कर रहे थे। उनका साम्राज्य विशाल था। यह पूरे मध्य-पूर्व में फैला हुआ था, जिसमें भूमध्यसागर का इलाक़ा शामिल था। यह वर्तमान युग के पाकिस्तान और भारत तक फैला था। जब डेरियस ने सुना कि 22 साल के ग्रीक सेनापति की सेना ने उनके साम्राज्य में घुसपैठ कर दी है, तो इस ख़बर से वे ख़ुश नहीं हुए।

डेरियस भी चतुर थे। उन्होंने पहचान लिया कि उनके जीवनकाल में सिकंदर उनकी सत्ता के लिए पहला असली जोखिम थे। उन्होंने सिकंदर की 22,000 सैनिकों की सेना से लड़ने के लिए अपने 50,000 सैनिकों की सेना भेज दी। उन्होंने अपनी सेना से कहा कि वे जाकर कल के इस नवाब को तुरंत सबक़ सिखा दें।

सिकंदर यही उम्मीद कर रहे थे कि डेरियस उन पर हमला करेंगे, इसलिए उन्होंने एक बेहतरीन रणनीति बनाकर उनकी भेजी सेना को बुरी तरह पराजित कर दिया।

यह ख़बर सुनकर डेरियस ने कहा, "मामला गंभीर है। यह मेरे जीवनकाल में मेरी शक्ति के ख़िलाफ़ सबसे बड़ा जोखिम है और इससे निबटना होगा, वरना पूरे साम्राज्य में हमारे लिए चुनौतियाँ खड़ी हो जाएँगी।"

प्रतिस्पर्धी प्रतिक्रिया

डेरियस भी रणनीति बनाने में काफ़ी सुयोग्य थे। उन्होंने अपने पूरे साम्राज्य के दर्जनों अलग-अलग क़बीलों के पास दूत भेजे और उन्हें आदेश दिया कि वे अपने सर्वश्रेष्ठ सैनिकों को गॉगामेला नाम की जगह पर भेज दें। इस तरह उन्होंने संसार की सबसे बड़ी सेना इकट्ठी कर ली - लगभग दस लाख सैनिक। द्वितीय विश्वयुद्ध तक इतनी बड़ी सेना एक जगह पर कभी इकट्ठी नहीं हुई थी।

जब सिकंदर ने सुना कि डेरियस ने गॉगामेला में अपनी विशालकाय सेना इकट्ठी कर ली थी, तो उन्होंने तुरंत तंबू उखाड़े और डेरियस की सेना की तरफ़ चल दिए। अब सिकंदर के पास 50,000 सैनिक थे (इनमें दूसरी जीती गई सेनाओं के सैनिक शामिल थे, जो अब उनकी सेना में आ गए थे)। सिकंदर इतनी फुर्ती से युद्ध के मैदान में पहुँचे कि फारस की सेनाएँ सदमे में आ गईं, कम से कम कुछ समय के लिए। दोनों सेनाओं

का हर सैनिक यह बात जानता था कि अगले दिन वह इतिहास के सबसे बड़े युद्धों में से एक में लड़ने वाला है।

योजना का महत्त्व

सिकंदर संवाद में बेहतरीन थे। उस शाम उन्होंने अपने सभी सेना नायकों को आग के चारों ओर एकत्र किया और उन्हें बताया कि अगले दिन वे सटीकता से क्या करने की योजना बना रहे हैं। उन्होंने स्पष्ट किया कि वास्तव में डेरियस की सेना कोई एक सेना नहीं थी। इसके बजाय यह तो कई छोटी-बड़ी सेनाओं का समूह थी। इसमें पूरे साम्राज्य के तीस अलग-अलग क़बीलों के सैनिक थे, जिनमें से हर एक की भाषा, संस्कृति, अधिकारी, धार्मिक विश्वास और आदेश के सैन्य तंत्र अलग थे। उन सभी में बस एक ही बात समान थी और वह यह थी कि वे डेरियस के प्रति निष्ठावान थे।

सिकंदर को विश्वास था कि अगर अगले दिन डेरियस को कुछ हो गया, तो बाक़ी सेनाएँ रुक कर एक दूसरे की ख़ातिर नहीं लड़ेंगी। इसके बजाय वे छिन्न-भिन्न हो जाएँगी, पीछे हट जाएँगी और सभी दिशाओं में तितर-बितर हो जाएँगी। सिकंदर की योजना थी : फारस की रक्षा पंक्ति के बीचोंबीच हमला करो और डेरियस को मार डालो।

पहल करें

युद्ध के दिन डेरियस की सेना विशाल मानव दीवार जैसी दिख रही थी – दस लाख लोग मैसेडोनिया की सेना को चकनाचूर करने और हराने के लिए आगे बढ़ने वाले थे।

सिकंदर ने अपनी सेना की व्यूहरचना थोड़े अलग तरीक़े से की थी। उन्होंने एक ऐसी रणनीति का इस्तेमाल किया, जो युद्ध में पहले कभी नहीं देखी गई थी, यह रणनीति थी 'तिर्यक व्यूहरचना'। डेरियस की सेना के ठीक सामने खड़े होने के बजाय उनके सैनिक कोण पर थे और डेरियस की सेना के केंद्र के दाईं ओर थे, ताकि वे ज़्यादा फुर्ती दिखा सकें।

फिर युद्ध शुरू होने के ठीक पहले सिकंदर ने अपनी सेना को आदेश दिया कि यह दाईं ओर कच्चे मैदान की तरफ़ जाए, ताकि उसके सैनिकों और अश्वारोही सेना को लाभ हो, जबकि डेरियस के रथों पर सवार सैनिक काम ना कर पाएँ।

सिकंदर की सेना को कोने में जाते देखकर डेरियस दुविधा में आ गए। उन्होंने भी अपनी सेना को कोने की तरफ़ बढ़ने का आदेश दिया, ताकि यह मैसेडोनिया की सेना के ठीक सामने रहे। आगे बढ़कर हमला करने के बजाय एक तरफ़ जाने के आदेश से फारस की सेना थोड़ी दुविधाग्रस्त हो गई, फिर डेरियस ने अपनी आक्रमण की पहली पंक्ति यानी अपने रथ पर सवार सैनिकों को आदेश दिया कि वे मैसेडोनिया की सेना पर हमला करें। मैसेडोनिया के सैनिकों ने उन पर 2,000 भाले फेंके, जिसने रथ पर सवार आधे सैनिकों को गिरा दिया। इस बखेड़े के बीच सिकंदर की सेना दाईं ओर चलती रही। डेरियस की सेना भी दाईं ओर चलने लगी, ताकि यह सिकंदर की सेना के ठीक सामने रहे। अचानक फारस की सेना की अगली पंक्ति में एक दरार खुल गई, जो उस जगह के क़रीब थी, जहाँ से डेरियस युद्ध का संचालन कर रहे थे।

सिकंदर ने ताड़ लिया कि उनका अति महत्त्वपूर्ण पल *अब* सामने आ गया है। दहशतज़दा रथियों द्वारा उत्पन्न धूल के बादल और दुविधा का लाभ लेते हुए उन्होंने इस सुनहरे अवसर को पहचान लिया। वे अपनी साथी अश्वारोही सेना की ओर मुड़े और बोले, “चलो! चलकर डेरियस को मार डालते हैं!” फिर उन्होंने फारस की सेना के ठीक बीच में तेज़ी से हमला कर दिया। यह रणनीति ज़बर्दस्त थी। डेरियस की फारस की पूरी सेना का एक ही हिस्सा सिकंदर को रोक सकता था और वह उसके ठीक सामने वाले सैनिकों की छोटी टुकड़ी थी। दस लाख लोगों की उनकी बाक़ी सेना डेरियस का बचाव करने नहीं आ सकती थी। उनके ख़िलाफ़ लड़ने के लिए कोई था ही नहीं।

अप्रत्याशित करें

सिकंदर को सीधे अपनी तरफ़ आते देखकर डेरियस सदमे में आ गए। उन्हें सीधे ख़ुद पर हमले की कतई उम्मीद नहीं थी। सिकंदर के नेतृत्व में मैसेडोनिया की अश्वारोही सेना फारस की अगली पंक्ति के सैनिकों को चीरती हुई डेरियस के क़रीब पहुँच रही थी। डेरियस कूदकर एक घोड़ी पर बैठे और अपने वरिष्ठ अधिकारियों के साथ युद्धभूमि से भाग खड़े हुए।

फारस की बाक़ी सेना को पता नहीं था कि इस धूल-धक्कड़ और दुविधा के बीच क्या हो रहा था, लेकिन जल्दी ही यह ख़बर फैल गई कि सिकंदर ने सेना के बीच में हमला कर दिया था, जिससे डेरियस भाग खड़े हुए थे।

सिकंदर की रणनीति सही थी। डेरियस के जाने की ख़बर सुनते ही फारस की क़बीलाई सेनाएँ तितर-बितर होने लगीं। वे दहशत में आकर सभी दिशाओं में भागने लगीं और एक-दूसरे को कुचलने लगीं। इस घटनाक्रम का अनुमान लगाने वाले सिकंदर ने इस बिंदु पर अपनी सेना को जमकर हमला करने का आदेश दिया। तलवारों और भालों से लैस उनकी सेना, जो *फेलैंगक्स* नाम से जानी जाती थी, फारस की सेना को घास काटने वाली मशीन की तरह काटने लगी और उन्हें हज़ारों की संख्या में काट भी दिया।

एक बेहतरीन रणनीति ने संसार को बदल दिया

रात होने तक फारस के 4 लाख सैनिक मर गए थे। यह मानव इतिहास के सबसे विनाशकारी युद्धों में से एक था। सिकंदर के नेतृत्व में मैसेडोनिया की सेना के सिर्फ़ 1,247 सैनिक मरे थे। और 23 साल की उम्र में ही सिकंदर पूरे संसार के निर्विवाद स्वामी बन चुके थे।

2

प्रभावी रणनीति के सिद्धांत

आप सोच सकते हैं कि मैंने आपको पिछले अध्याय में सिकंदर महान और गॉगामेला के युद्ध की इतनी लंबी कहानी क्यों बताई। इसका कारण स्पष्ट है। यह कहानी एक उत्कृष्ट रणनीति के बारे में है, जिसने सिकंदर को अविश्वसनीय विजय दिलाई और उसे संसार का सबसे शक्तिशाली इंसान बना दिया। युद्ध की इस कहानी में रणनीति के जो सैन्य सिद्धांत बताए गए हैं, वे छोटे-बड़े हर व्यापार पर भी लागू होते हैं।

सच तो यह है कि हर उद्योग में 20 प्रतिशत कंपनियाँ 80 प्रतिशत या उससे ज़्यादा मुनाफ़ा इसलिए कमाती हैं, क्योंकि उनके पास एक अच्छी रणनीति होती है, जो इस युद्ध में दर्शाए हर मुख्य सिद्धांत को समाहित करती है। यदि रणनीति का एक भी अनिवार्य सिद्धांत समाहित ना हो या उसे लागू ना किया जाए, तो इससे किसी सेना या कॉरपोरेशन का पतन और उसकी पराजय हो सकती है - और हज़ारों बार ऐसा हुआ भी है।

उद्देश्य का सिद्धांत

यह रणनीति का पहला सिद्धांत है। महान विजय हासिल करने के लिए आपको व्यवसाय के हर स्तर पर अपने लक्ष्यों और उद्देश्यों के बारे

में स्पष्ट होना चाहिए। इसके लिए यह ज़रूरी है कि आप सटीकता से जानते हों कि आप क्या हासिल करना चाहते हैं और इसे कैसे हासिल करने जा रहे हैं।

द इकोनॉमिस्ट पत्रिका में प्रकाशित एक अध्ययन में 150 शोधकर्ताओं ने कई देशों में काम कर रही 22,000 कंपनियों का बीस साल तक अध्ययन किया। वे इस नतीजे पर पहुँचे कि सबसे कार्यकुशल, प्रभावी और लाभदायक कंपनियाँ वे थीं, जिन्होंने कंपनी और इसके हर कर्मचारी के लिए स्पष्ट उद्देश्य तय किए थे। कर्मचारी अच्छी तरह जानते थे कि उनसे क्या हासिल करने की उम्मीद की जाती है और कब तक करने की उम्मीद की जाती है। उनके पास स्पष्ट पैमाने या मापदंड थे, जिनके आधार पर वे निर्धारित लक्ष्यों की दिशा में अपनी प्रगति का मूल्यांकन कर सकते थे।

सिकंदर सटीकता से जानते थे कि वे क्या हासिल करना चाहते हैं। वे पूरे संसार के सम्राट बनना चाहते थे। वे यह भी जानते थे कि पूरे संसार का सम्राट बनने के लिए उन्हें फारस की सेना को जीतना होगा। और फारस की सेना को जीतने की कुंजी डेरियस को मारना थी। 323 ईसा पूर्व में गॉगामेला के मैदान में हुए युद्ध में सिकंदर और उनकी पूरी सेना का लक्ष्य एकदम स्पष्ट था।

आक्रमण का सिद्धांत

नेपोलियन ने कहा था, “कोई भी बड़ा युद्ध रक्षात्मक रहकर कभी नहीं जीता जाता।”

व्यवसाय में सफल होने के लिए आपको *प्रोएक्टिव* होना चाहिए। आपको हमला करना चाहिए। आपको सफल सेनापति के ‘सतत आक्रमण’ का अभ्यास करना चाहिए। आपको नए प्रॉडक्ट्स, नई सेवाओं, नई प्रक्रियाओं और व्यवसाय करने के नए तरीक़ों के साथ लगातार आगे बढ़ना चाहिए।

गॉगामेला में सिकंदर ने स्पष्टता से देखा कि सामने वाले की सेना उनसे बीस गुना बड़ी है और इतने बड़े शत्रु को वे तभी हरा सकते हैं, जब वे आक्रमण करें और युक्ति से काम लें। इस रणनीति की बदौलत उन्होंने अपने छोटे और यशस्वी करियर में अपना हर युद्ध जीता।

केंद्रीकरण का सिद्धांत

सभी बड़े युद्ध तब जीते जाते हैं, जब सेनापति सामरिक उद्देश्य हासिल करने के लिए अपनी सेना को एक निर्णायक पल में एक निर्णायक बिंदु पर *केंद्रित* करता है।

फारस की सेना से मुक़ाबला करने के लिए सिकंदर ने अपनी सेना को नहीं फैलाया। इसके बजाय उन्होंने अपनी सेना को डेरियस की सेना के कोण पर तिर्यक आकार में संगठित किया। इस स्थिति से उन्हें यह लाभ हुआ कि सिकंदर अवसर का लाभ उठाने के लिए अपने सैनिकों को त्वरित गति से किसी भी दिशा में ले जा सकते थे। और यह अवसर तब आया, जब डेरियस ने अपनी सेना की अगली पंक्ति में दरार बन जाने की अनुमति दी।

हालाँकि सिकंदर की विरोधी सेना संख्या में बहुत बड़ी थी, लेकिन सिकंदर ने भाँप लिया कि अगर वे 6,000 सैनिकों वाली अपनी अश्वारोही सेना से शत्रु सेना के बीचोबीच हमला करते हैं, तो वे डेरियस को पूरी तरह बौखला सकते हैं और या तो उन्हें मार सकते हैं या मैदान से भागने पर विवश कर सकते हैं, जैसा कि उन्होंने किया।

व्यवसाय में केंद्रीकरण के सिद्धांत के लिए यह ज़रूरी है कि आप किसी एक प्रॉडक्ट में बेहद उत्कृष्ट बन जाएँ और गुणवत्ता व सेवा के संदर्भ में उस सीमित क्षेत्र पर वर्चस्व जमा लें। इसके बाद ही दूसरे प्रॉडक्ट्स, सेवाओं या बाज़ारों में क़दम रखने या विस्तार करने के बारे में सोचें।

युक्ति का सिद्धांत

युद्ध में इस सिद्धांत का मतलब है कि लचीले रहना और किसी भी दिशा में जाने के लिए तैयार रहना। सभी महान युद्ध दरअसल युक्ति के युद्ध होते हैं। इन युद्धों में सेनापति कुशलता से अपने सैनिकों और संसाधनों को ऐसी जगहों पर लगाता है, जहाँ 'प्रतिस्पर्धी लाभ' मिलता हो।

सिकंदर ने अपनी सेना को 'तिर्यक व्यूह' में जमाया, जो पहले कभी देखने में नहीं आया था। इस तरह सिकंदर विशाल शत्रु सेना के सामने अपनी सेना को बहुत लचीला बना पाए। उनकी साथी अश्वारोही सेना सामने और केंद्र में थी, जबकि बग़ल में भी अश्वारोही सेना की बड़ी टुकड़ियाँ थीं। जब डेरियस की सेना सामने के हमले से बिखरने लगी, तो सिकंदर की बाक़ी सेना धनुष के आकार में फारस की सेना पर हमला करने को तैयार थी, जिससे यह पीछे हटी और अंततः दुविधा में भाग खड़ी हुई।

व्यवसाय में युक्ति के सिद्धांत को लागू करने का मतलब यह है कि बिक्री करने, मुनाफ़े के ज़्यादा ऊँचे स्तर हासिल करने और ग्राहकों की सेवा करने के बेहतर, ज़्यादा तेज़, ज़्यादा सस्ते तरीक़े खोजने के लिए नवाचार व सृजनात्मकता का इस्तेमाल किया जाए। व्यवसाय में इस तरह का लचीलापन क़ायम रखने के लिए आपको पीछे हटकर खड़े होने और यथास्थिति पर प्रश्न करने को तैयार रहना चाहिए।

संगठित कर्म का सिद्धांत

सैन्य रणनीति के इस सिद्धांत के लिए यह आवश्यक है कि लोग बिना किसी समस्या के कार्यशील किसी मशीन और टीम की तरह मिलकर तय लक्ष्यों व उद्‌देश्यों को हासिल करने के लिए काम करें। इसे अक्सर 'एकतावादी कर्म' कहा जाता है। इसका मतलब यह है कि अपनी सेना को जिताने के लिए हर व्यक्ति मिलकर सहयोग से काम करता है, एक

दूसरे का समर्थन करता है और जब भी, जहाँ भी ज़रूरत होती है, अपने संसाधन लगाता है।

पूरे सैन्य इतिहास में छोटी और अच्छी तरह संगठित इकाइयों ने ज़्यादा बड़ी इकाइयों को हराया और नष्ट किया है, जो उतनी अच्छी तरह संगठित नहीं थीं। सिकंदर की सेना शायद उस वक़्त संसार की सबसे अनुशासित सेना थी। किसी शीर्ष खेल टीम की तरह इसे वृहद प्रशिक्षण दिया गया था। उनके सैनिक एक परिवार की तरह कंधे से कंधा मिलाकर लड़े। एक दूसरे की आवश्यकताओं पर तुरंत प्रतिक्रिया करते हुए उन्होंने युद्ध लड़े और जीते।

सबसे अच्छी कंपनियों में सर्वश्रेष्ठ मनोबल वाले कर्मचारी होते हैं। वे ख़ुद को टीम का हिस्सा मानते हैं। वे 'मेरा,' 'हम,' और 'हमारा' जैसे शब्दों का इस्तेमाल करते हैं। वे कंपनी को अपना स्वाभाविक और तार्किक विस्तार मानते हैं। वे कभी यह सोचते तक नहीं हैं, "यह मेरा काम नहीं है"।

आश्चर्य का सिद्धांत

सिकंदर ने अपने पूरे करियर में इस सिद्धांत का इस्तेमाल करके अपने विरोधियों को हमेशा असंतुलित किया। उन्होंने कभी वह नहीं किया, जिसकी सामने वाले को उम्मीद थी। उन्होंने कभी वहाँ हमला नहीं किया, जहाँ दुश्मन को उम्मीद होती थी। उन्होंने कभी शत्रु के सामने अपनी सेना की व्यूहरचना वैसी नहीं की, जिसकी उनके विरोधी अपेक्षा करते थे। उन्होंने हमेशा अपने विरोधियों को आश्चर्यचकित किया।

व्यवसाय में आश्चर्य के सिद्धांत का मतलब यह है कि आप हमेशा प्रतिस्पर्धी लाभ विकसित करने की ताक में रहते हैं। इसका मतलब है कि आप उन प्रॉडक्ट्स, सेवाओं, प्रक्रियाओं, मार्केटिंग की रणनीतियों व तकनीकों, बिक्री प्रणाली और नई प्रौद्योगिकी का लाभ लेते हैं, ताकि आप

नए और भिन्न प्रॉडक्ट्स बाज़ार में उतार सकें, जिन्हें आपके किसी प्रतिस्पर्धी ने बाज़ार में ना उतारा हो।

दोहन का सिद्धांत

एक बार जब आप युद्ध जीत लें, बाज़ार पर शिकंजा कस लें, प्रतिस्पर्धा को हरा दें और बाज़ार में वर्चस्व की स्थिति हासिल कर लें, तो आपको इसका दोहन करने के लिए तेज़ी से सक्रिय होना चाहिए। उद्यमी और प्रेरक वक्ता जिम रॉन पूछते थे, "कोई पेड़ कितना ऊँचा बढ़ सकता है?" जवाब, "जितना यह बढ़ सकता है।"

आप कितना बेचते हैं? जितना आप बेच सकते हैं। तेज़ी से आगे बढ़ें। आपके प्रतिस्पर्धी देख रहे हैं और वे जल्दी से जल्दी आपके क्षेत्र में प्रवेश करने की तैयारी में हैं। आपको अपने बाज़ार में महत्त्वपूर्ण हिस्सेदारी हासिल करनी चाहिए और फिर इसे जकड़े रहना चाहिए। कभी चैन से ना बैठें।

जब किसी श्रेष्ठ प्रॉडक्ट, सेवा या मार्केटिंग तकनीक से आपको बाज़ार में लाभ मिल जाए, तो इसका पूरा दोहन करें। आप जानते हैं कि आजकल पहले के मुक़ाबले प्रतिस्पर्धी ज़्यादा तेज़ी से आपकी नक़ल कर सकते हैं और आपके लाभ को कम करने के लिए कुछ ना कुछ करेंगे। आपको हिचकिचाना नहीं चाहिए। बाज़ार का ज़्यादा से ज़्यादा हिस्सा हथियाने के लिए जुटे रहें और अपनी पूरी कोशिश करें।

3

रणनीतिक नियोजन के पाँच प्रश्न

प्रबंधन में कई प्रियसिद्धांत आते-जाते रहते हैं, जो कभी ज़्यादा तो कभी कम सफल होते हैं, लेकिन प्रबंधन की एक योग्यता हमेशा सबसे ज़्यादा मूल्यवान होती है। यह है स्पष्ट, कामकाजी रणनीतिक योजना बनाने की योग्यता, जिससे आपको अपने बाज़ार में प्रतिस्पर्धी लाभ मिलता है। चार बुनियादी कारणों से आप अपनी कंपनी की रणनीति बनाते हैं :

1. *अपनी पूँजी पर ज्यादा लाभ कमाना।* आपने अपने व्यवसाय में जितनी पूँजी लगाई है, उस पर ज़्यादा लाभ (रिटर्न ऑन इक्विटी) कमाने के लिए आप रणनीति बनाते हैं। इक्विटी का मतलब है स्वामित्व। यह आरओआई (रिटर्न ऑन इनवेस्टमेंट) यानी निवेश पर प्रतिफल से भिन्न है, क्योंकि इसमें जेब से डाले गए पैसों के हिसाब से मुनाफ़ा निकलता है, तो रणनीति का पहला लक्ष्य है कि आपने और दूसरों ने कंपनी में व्यक्तिगत रूप से जितना निवेश किया है, उस पर वर्तमान से ज़्यादा लाभ कमाना।

2. *अपनी कंपनी की स्थिति पुनः स्थापित करना।* आप यह पा सकते हैं कि आपकी कंपनी और आपके प्रॉडक्ट्स आपके प्रतिस्पर्धियों के हमले के शिकार हो रहे हैं। एप्पल की तरह ही आपको भी यह अहसास हो सकता है कि आपको नई प्रौद्योगिकी के साथ नए बाज़ारों में नए प्रॉडक्ट्स के साथ अपनी कंपनी को दोबारा पोज़ीशन करना होगा।
3. *अपनी शक्तियों और अवसरों का अधिकतम लाभ उठाने के लिए।* ग़ौर करें कि आप किस चीज़ को बहुत ही उम्दा तरीक़े से करते हैं और बाज़ार में आपके मुख्य अवसर क्या हैं, फिर उनका लाभ लेने के लिए तेज़ी से काम करें।
4. *कार्य आधारित निर्णय लेने के लिए।* रणनीति का पूरा उद्देश्य ऐसे कामों की योजना बनाना और तैयारी करना है, जो उससे अलग हों, जो आप नई रणनीति की गैर मौजूदगी में करते।

रणनीतिक नियोजन कोई निष्क्रिय गतिविधि नहीं है। रणनीतिक नियोजन तो उन क़दमों के बारे में अच्छी तरह सोचने की प्रक्रिया है, जिन्हें उठाकर आप अपने लक्ष्य और उद्देश्य हासिल करेंगे।

सिकंदर की रणनीति निष्क्रिय या सैद्धांतिक अभ्यास नहीं थी। उनका पूरा लक्ष्य कर्म पर केंद्रित था। सिकंदर बेहद सक्रिय इंसान थे।

पाँच प्रश्न पूछें

पाँच अहम प्रश्न हैं, जिन्हें आप रणनीतिक नियोजन में बार-बार पूछ सकते हैं और उनका जवाब दे सकते हैं। नीचे दी गई प्रक्रिया पर चलें।

अपनी वर्तमान स्थिति का आकलन करें

आपको ख़ुद से पहला प्रश्न यह पूछना चाहिए कि *मैं इस समय कहाँ हूँ?* अपने व्यवसाय, अपने ग्राहकों, अपने बाज़ारों, अपने प्रतिस्पर्धियों और

अपनी वित्तीय शक्तियों तथा कमज़ोरियों को पहचानें। वर्तमान स्थिति का सटीक विश्लेषण ही समूची रणनीति का शुरुआती बिंदु है।

अपने अतीत की फिर जाँच करें

दूसरा प्रश्न आपके अतीत के बारे में है। अपने इतिहास पर नज़र दौड़ाएँ। *आप आज जहाँ हैं, वहाँ तक कैसे पहुँचे?* आपने कौन से अत्यंत महत्त्वपूर्ण क़दम उठाए, चाहे कुछ साल पहले उठाए हों या कारोबार की शुरुआत में उठाए हों? आपने क्या सही किया? आपने क्या ग़लत किया? आपने कौन से सबक़ सीखे? आपके व्यवसाय में आने के बाद से क्या बदला है (यह जानते हुए कि हर चीज़ बदलती है)? कौन सी घटनाएँ आपको उस अच्छी या बुरी जगह तक लेकर आई हैं, जहाँ आप आज हैं?

अपने आदर्श भविष्य का सृजन करें

रणनीति तय करने में तीसरा प्रश्न अपने आदर्श भविष्य को परिभाषित करना है। *आप भविष्य में कहाँ पहुँचना चाहते हैं?* आप आज से एक, दो, तीन, पाँच या दस साल बाद कहाँ पहुँचना चाहते हैं? आप व्यक्तिगत रूप से कहाँ पहुँचना चाहते हैं और कॉरपोरेशन के रूप में कहाँ पहुँचना चाहते हैं? आप आज जहाँ हैं और वहाँ तक आप कैसे पहुँचे, उसके आधार पर अपने आदर्श भविष्य को स्पष्टता से परिभाषित करना अत्यंत महत्त्वपूर्ण है।

अगले क़दमों की तैयारी करना

चौथा प्रश्न है : *आप वहाँ तक कैसे पहुँचेंगे?* आप आज जहाँ हैं, वहाँ से मौजूद कर्मचारियों, वर्तमान संसाधनों और वर्तमान बाज़ारों के साथ अपने आदर्श भविष्य यानी मनचाही जगह तक कैसे पहुँचेंगे?

इस प्रश्न का जवाब देने का मेरा प्रिय अभ्यास विचार-विमर्श है। विचार-विमर्श में आप टेबल पर चारों ओर बैठे हर व्यक्ति को यह चुनौती देते हैं कि वह इस प्रश्न के कम से कम बीस जवाब सोचे, "हम

इस कंपनी के लिए आदर्श भविष्य का सृजन करने के लिए क्या कर सकते हैं?"

विचारमंथन में आप एक क़ागज़ पर सबसे ऊपर अपना प्रश्न लिख देते हैं और फिर ख़ुद को उस प्रश्न के बीस जवाब उत्पन्न करने की चुनौती देते हैं। यह ऐसे विचार और जवाब हासिल करने का आश्चर्यजनक अभ्यास है, जिनका इस्तेमाल करके आप कोई भी लक्ष्य हासिल कर सकते हैं।

जाँचसूची बनाएँ

पाँचवाँ प्रश्न है : *आपको क्या ज़रूरत है?* आपको भविष्य में अपने रणनीतिक उद्देश्य हासिल करने के लिए किन-किन अतिरिक्त योग्यताओं, संसाधनों या पैसों की ज़रूरत होगी?

आसान जाँचसूची उन सबसे शक्तिशाली औज़ारों में से एक है, जिनका आप इस्तेमाल कर सकते हैं। अपनी वर्तमान जगह से अपनी मनचाही जगह तक पहुँचने के लिए आपको कौन सी चीज़ें करनी होंगी और कौन से क़दम उठाने होंगे, उनकी सूची बनाएँ।

बुनियादी बातों में ज़बर्दस्त बनें

जब 1959 में विन्स लॉम्बार्डी को ग्रीन बे पैकर्स का मुख्य कोच बनाया गया, तो उनसे यह पूछा गया कि वे क्या बदलने वाले हैं या क्या अलग करने वाले हैं। उन्होंने जवाब दिया कि वे खिलाड़ियों, दाँव-पेंचों या प्रशिक्षण समयसारिणी को नहीं बदलने वाले हैं। इसके बजाय, वे तो बस "बुनियादी बातों में ज़बर्दस्त" बनेंगे।

सामरिक नियोजन और व्यवसाय में सफल होने के लिए आपको रणनीतिक नियोजन की बुनियादी बातों में ज़बर्दस्त बनना होगा। इसके लिए लगातार सही प्रश्न पूछते रहें और उनका जवाब देते रहें।

4

रणनीति तय करने वाले मुख्य खिलाड़ी

जब भी मैं किसी कंपनी के लिए कोई रणनीतिक नियोजन सत्र आयोजित करता हूँ, तो मुझसे शुरुआत में जो प्रश्न पूछे जाते हैं, उनमें से एक यह होता है, "इस सत्र में किसे शामिल होना चाहिए?"

सबसे आसान जवाब यह है कि उस रणनीति पर अमल करने के लिए जो भी व्यक्ति *ज़िम्मेदार* होंगे, उन सभी को रणनीति तय करने या बनाने की प्रक्रिया में शामिल होना चाहिए।

यह अनिवार्य है कि सीईओ, सीएफओ, चेयरमैन या उस रणनीति के क्रियान्वयन के लिए अंततः जो भी ज़िम्मेदार होगा, उसे पूरे समय मौजूद रहना चाहिए। यह वह व्यक्ति है, जिसे रणनीति पर हस्ताक्षर करने होंगे, इसका अनुमोदन करना होगा और रणनीति पर अमल करने के लिए समय, लोगों तथा संसाधनों को आवंटित करने वाले अंतिम निर्णय लेने होंगे।

प्रेसिडेंट की शक्ति

कुछ समय पहले मैंने एक बड़ी तेल कंपनी के लिए तीन दिवसीय रणनीतिक नियोजन कार्यक्रम किया। कंपनी के प्रेसिडेंट तीन दिन तक हर मिनट बैठे रहे और प्रक्रिया में शामिल हुए। उन्होंने हर व्यक्ति की बात ग़ौर से सुनी। उन्होंने अपने अवलोकन बताए और टिप्पणियाँ भी कीं।

तीन दिन के अंत में टेबल पर बैठे सभी लोगों के बीच एकजुटता साफ़ दिख रही थी। वे कंपनी के प्रति, एक दूसरे के प्रति और उस रणनीतिक योजना की सफलता के प्रति पूरी तरह समर्पित दिख रहे थे, जिसे उन्होंने मिलकर तैयार किया था। तब से कंपनी काफ़ी तरक्क़ी कर चुकी है। आज यह विश्व की सबसे बड़ी और सबसे लाभदायक कंपनियों में से एक बन चुकी है।

नेतृत्व की असफलता

इस मामले में एक विपरीत उदाहरण पर ग़ौर करें। एक बिलियन डॉलर कंपनी के प्रेसिडेंट ने मुझे रणनीतिक नियोजन सत्र आयोजित करने के लिए बुलाया। बहरहाल, कंपनी के चेयरमैन संस्थापक परिवार के वंशज थे और उनके पास यह शक्ति थी कि वे एक्ज़ीक्यूटिव्ज़ के सुझावों को ख़ारिज कर सकते थे। उन्होंने सत्र में हिस्सा लेने से इंकार कर दिया। उन्हें यह अपने समय का अच्छा इस्तेमाल नहीं लगा।

हमने एक रिज़ॉर्ट में एक गहन और आनंददायक तीन दिवसीय सत्र किए। इन तीन दिनों में हमने मिलकर इस बड़ी राष्ट्रीय कंपनी के लिए बहुत ही शानदार रणनीतिक योजना बनाई। इस योजना पर अमल करने से कंपनी को अपने चुनौतीपूर्ण बाज़ार में प्रतिस्पर्धी लाभ मिल सकता था। रणनीतिक नियोजन सत्र में शामिल हर व्यक्ति योजना को लेकर रोमांचित था और इस पर अमल करने के बारे में समर्पित था।

समर्थन की कमी

लेकिन बाद में जब कंपनी के प्रेसिडेंट ने चेयरमैन को नई योजना बताई, जिनके पास इसे मंजूर या नामंजूर करने का अंतिम अधिकार था, तो उन्होंने इसे "काफ़ी हद तक समय की बर्बादी" कहकर ठुकरा दिया। उन्होंने प्रेसिडेंट को बताया कि वे स्वयं इतने सक्षम हैं कि अपने राष्ट्रीय कॉरपोरेशन के भविष्य के लिए आवश्यक सभी रणनीतिक निर्णय ले सकते हैं। जब लोगों को यह बात पता चली, तो इस रणनीतिक योजना के क्रियान्वयन संबंधी सारा उत्साह कुछ उसी तरह तुरंत काफूर हो गया, जिस तरह गुब्बारे में से हवा निकल जाती है। कंपनी "पुराने तरीक़े से पुरानी चीज़ें करती रही।"

कुछ सालों बाद यह प्रगतिशील कंपनी – जिसके ग्राहक और प्रतिस्पर्धी इसका सम्मान करते थे - ज़बर्दस्त प्रतिस्पर्धा के समुद्र में हिचकोले खाने लगी और अंततः दिवालिया हो गई।

योजना पर अमल कौन करेगा?

रणनीतिक नियोजन में उन लोगों को भी शामिल होना चाहिए, जो उस रणनीति पर अमल करने वाले हैं। इसमें मुख्य खिलाड़ियों के सहयोग और संलग्नता की ज़रूरत होती है। वे आम तौर पर कंपनी के वरिष्ठ एक्ज़ीक्यूटिव्ज़ और मुख्य विभागों तथा कार्यों के प्रभारी अधिकारी होते हैं। वे रणनीति तय करने में जितने ज़्यादा शामिल होंगे, रणनीति पर प्रभावी अमल की उतनी ही ज़्यादा संभावना होगी।

मानवीय व्यवहार का एक आसान नियम है कि लोग किसी योजना पर बातचीत करने और प्रश्न पूछने में जितना समय लगाते हैं, वे अंततः लिए गए निर्णयों पर काम करने के प्रति उतने ही समर्पित होते हैं। आप किसी रणनीति के बारे में जितनी ज़्यादा बात करते हैं, राय को प्रोत्साहित करते हैं, प्रश्न पूछते और उनका जवाब देते हैं तथा बातचीत को प्रेरित

करते हैं, तो हर व्यक्ति उस रणनीति को सफल बनाने के प्रति उतना ही ज़्यादा समर्पित होगा।

आपको बाहरी सहायता की ज़रूरत है

रणनीतिक नियोजन एक ऐसी चीज़ है, जिसे आप ख़ुद नहीं कर सकते। यह दंतचिकित्सा या डॉक्टर के ऑपरेशन या मुकदमा लड़ने जैसी चीज़ है। इस काम के लिए आपको किसी ऐसे निष्पक्ष व्यक्ति को बुलाना होगा, जिसके पास विभिन्न उद्योगों का ज्ञान है और जिसने रणनीतिक नियोजन का अध्ययन किया है तथा जिसे इसका अनुभव है।

आपको किसी ऐसे व्यक्ति की ज़रूरत है, जो अंदर आकर रणनीतिक नियोजन प्रक्रिया का समन्वयक बन सके। यह व्यक्ति आपकी कंपनी, आपके कर्मचारियों, आपके बाज़ार, आपकी प्रतिस्पर्धा और आपकी कंपनी की वर्तमान स्थिति को पूरी तरह से समझने का समय लेगा। जैसा कहा जाता है, "जो व्यक्ति खुद के वकील के रूप में काम करता है, उसका ग्राहक मूर्ख होता है।"

जो व्यक्ति अपना ख़ुद का रणनीतिक नियोजक बनने की कोशिश करता है, शायद उसका भी ग्राहक मूर्ख ही होगा।

जब मैं अपने ख़ुद के व्यवसाय के लिए रणनीतिक नियोजन करता हूँ, तो मैं भी बाहरी रणनीतिक नियोजक का ही इस्तेमाल करता हूँ।

सही माहौल बनाएँ

अच्छे रणनीतिक नियोजन अभ्यास के लिए दो से चार दिन के समर्पित, अटूट समय की ज़रूरत होती है। यह किसी 'दूसरी जगह' सबसे अच्छी तरह होता है, जहाँ किसी तरह के व्यवधान नहीं होते और जहाँ लोगों की मानसिकता पूरी तरह बदल सकती है।

ख़ुद से पूछें : आपकी कंपनी किसे महत्व देती है? क्या आप गुणवत्ता को महत्व देते हैं? क्या आप प्रॉडक्ट या सेवा की उत्कृष्टता को महत्व देते हैं? क्या आप कर्मचारियों की परवाह करने को महत्व देते हैं? क्या आप बाज़ार के नेतृत्व या नवाचार को महत्व देते हैं? क्या सही और ग़लत है, इस बारे में आपके बुनियादी विश्वास क्या हैं?

दूसरे क्या कहते हैं?

अगर आप अपनी कंपनी के कर्मचारियों का सर्वे करें और उनसे पूछें कि आपकी कंपनी किन जीवनमूल्यों का समर्थन करती है और किन जीवनमूल्यों में विश्वास करती है, तो वे क्या कहेंगे? क्या आपकी कंपनी के जीवनमूल्यों के बारे में आपके कर्मचारी स्पष्ट होंगे और उन सभी की एक ही राय होगी? या फिर उनके बीच विरोधाभास या मतभेद रहेंगे?

क्या होगा, अगर आप अपने ग्राहकों का सर्वे कराएँ और उनसे पूछें, "इस कंपनी के बुनियादी जीवनमूल्य क्या हैं?" आपके ग्राहक क्या कहेंगे?

आपके जीवनमूल्य केवल और हमेशा आपके कार्यों तथा व्यवहार में हर दिन, हर मिनट व्यक्त होते हैं, ख़ास तौर पर *दबाव में*। कोई व्यक्ति या संगठन छोटे-बड़े संकट में कैसा व्यवहार करता है, यह देखकर आप सचमुच बता सकते हैं कि वह किसमें विश्वास करता है और उसके असली जीवनमूल्य कौन से हैं। यह किसी व्यक्ति या कंपनी के जीवनमूल्यों की 'परीक्षा की घड़ी' होती है।

जीवनमूल्य मज़बूत नींव बनाते हैं

मेरे एक ग्राहक ने एक कंपनी शुरू की। उसे उन जीवनमूल्यों को तय करना था, जिनकी बुनियाद पर कंपनी खड़ी हो। एक्ज़ीक्यूटिव टीम की बैठक हुई और उन्होंने पाँच जीवनमूल्य चुने, जो सत्यनिष्ठा से शुरू होकर मुनाफ़े पर ख़त्म होते थे, फिर उन्होंने एक वाक्य के कथन पर सहमति बनाई कि

हर जीवनमूल्य का अभ्यास पूरी कंपनी में कैसे किया जाएगा। इसके बाद ये जीवनमूल्य कथन या वैल्यू स्टेटमेंट प्लास्टिक के कार्डों पर प्रिंट कराकर हर एक को दे दिए गए। ये कंपनी के बुनियादी संचालक सिद्धांत बन गए। जब भी कंपनी के एक्ज़ीक्यूटिव्ज़ को कोई निर्णय लेना होता था, तो वे हर बार अपने 'जीवनमूल्य कार्ड' को बाहर निकालते थे और इस बारे में बात करते थे कि उन्होंने जिन जीवनमूल्यों के प्रति समर्पण किया था, उनके आधार पर उन्हें किस तरह काम करना चाहिए।

कुछ ही सालों में यह कंपनी अपने उद्योग की अग्रणी कंपनियों में से एक बन गई, हालाँकि इसके सामने भारी प्रतिस्पर्धा की बड़ी चुनौती थी।

आपका स्वप्न क्या है?

एक बार जब आप अपने जीवनमूल्यों के बारे में स्पष्ट हो जाएँ, तो फिर आप भविष्य का चित्र देखने के लिए थोड़ा समय निकालें। आप एक स्वप्न बुनते हैं कि अगर आपकी कंपनी हर मायने में आदर्श हो, तो यह कैसी दिखेगी? मैं कई बार इसे 'पाँच साल की फँतासी' कहता हूँ। आपका स्वप्न क्या है?

इसके सबसे आसान रूप में किसी कंपनी का सबसे प्रभावी स्वप्न 'सर्वश्रेष्ठ बनना' है। यह प्रॉडक्ट्स, सेवाओं और ग्राहक संबंधों में उत्कृष्ट बनना है। यह नेतृत्व और प्रबंधन के संदर्भ में शीर्ष कंपनी बनना है। यह वहाँ काम करने वाले कर्मचारियों और अधिकारियों के संदर्भ में सर्वश्रेष्ठ बनना है। यह ग्राहकों तथा बाज़ार में अपनी प्रतिष्ठा के संदर्भ में सर्वश्रेष्ठ बनना है।

पीटर ड्रकर ने एक बार कहा था कि जब कोई कंपनी किचन की टेबल पर शुरू हो रही हो, तब भी अगर यह पूरे संसार की लीडर बनने के सपने नहीं देखती है, तो यह कभी बड़ी सफलता हासिल नहीं कर पाएगी। आपका स्वप्न भी पूरे संसार का लीडर बनना होना चाहिए, फिर

यह सोचें कि अगर आपको इस रोमांचक स्वप्न को हक़ीक़त में बदलना है, तो इसके लिए आपको तुरंत ही कौन से काम करने चाहिए?

आपके ग्राहक क्या कहेंगे?

ग्राहकों में अपनी प्रतिष्ठा के बारे में आपका आदर्श स्वप्न क्या है? आप क्या चाहते हैं कि आपके ग्राहक आपकी कंपनी के बारे में किस तरह सोचें? जो ग्राहक बाहर से आपकी कंपनी देखते हैं, जो ग्राहक आपके साथ काम कर रहे हैं, जो ग्राहक आपके कर्मचारियों से जुड़े हैं, जो ग्राहक आपके प्रॉडक्ट्स और सेवाओं का इस्तेमाल कर रहे हैं तथा दूसरों से आपके बारे में बात कर रहे हैं, उनके दृष्टिकोण से आप क्या चाहेंगे कि वे आपकी कंपनी का वर्णन किस तरह करें? यह इस बात को तय करने का बहुत अच्छा शुरुआती बिंदु है कि आपके जीवनमूल्य और स्वप्न क्या होने चाहिए।

हार्वर्ड बिज़नेस स्कूल के थियोडोर लेविट ने कहा था कि किसी कंपनी की *प्रतिष्ठा* इसकी सबसे मूल्यवान संपत्ति होती है। किसी कंपनी की प्रतिष्ठा की परिभाषा यह है कि "दूसरों की इसके बारे में क्या राय है।"

आपकी प्रतिष्ठा इस बात से तय होती है कि ग्राहक, प्रतिस्पर्धी, सप्लायर, बाहरी वेंडर और आम लोग जब आपकी कंपनी, आपके प्रॉडक्ट्स और आपकी सेवाओं के बारे में आपस में बातचीत करते हैं, तो वे आपके बारे में क्या कहते हैं।

आज वे आपके बारे में क्या कह रहे हैं? आप भविष्य में आपके और आपकी कंपनी के बारे में उनके मुँह से क्या सुनना चाहते हैं? आप आज ही से यह सुनिश्चित करने के लिए कौन सा काम कर सकते हैं, ताकि आपकी कंपनी के बाहर और अंदर के लोग आपके बारे में एक ख़ास तरह से सोचें तथा बोलें?

नज़र में आए बिना अवलोकन करें

कल्पना करें कि आपकी कंपनी के कर्मचारी आपकी कंपनी का वर्णन दूसरे लोगों के सामने कर रहे हैं। आपका स्टाफ़ दूसरों को क्या बताएगा कि वे किस तरह की कंपनी में काम करते हैं? आप उन्हें कैसा कामकाजी माहौल देते हैं? आपकी कंपनी में किस तरह के लोग काम करते हैं? आपने किस तरह की कंपनी बनाई है? अगर आप अपने हिसाब से अपनी कंपनी का आदर्श वर्णन करा सकते हों, तो आपका आदर्श चित्र क्या रहेगा?

आप इस समय जहाँ हैं, वहाँ दूसरे लोग आपको जिस तरह से देखते हैं, वह आपकी वर्तमान प्रतिष्ठा है। अंत में, प्रश्न यह है कि वर्तमान प्रतिष्ठा से आप उस जगह तक कैसे पहुँचे, जहाँ आप भविष्य में दूसरों के मन में आदर्श प्रतिष्ठा जमा लें? ख़ास तौर पर दूसरों के सामने किस प्रकार का वर्णन आपके लिए उपयोगी रहेगा? आपकी कंपनी का किस प्रकार का वर्णन इसके फलने-फूलने और बाज़ार के नेतृत्व की दिशा में बढ़ने के लिहाज़ से सबसे ज़्यादा मददगार रहेगा?

अपना उद्देश्य तय करें

आपका उद्देश्य 'क्यों' यानी कारण है। आप जो करते हैं, वह क्यों करते हैं? इस वृहद संसार में आपका व्यवसाय किस उद्देश्य की पूर्ति करता है? आप दूसरों के जीवन में कौन सा फ़र्क़ डालते हैं, ख़ास तौर पर अपने ग्राहकों और स्टाफ़ के जीवन में?

नीत्शे ने लिखा था, "इंसान कोई भी स्थिति झेल सकता है, बशर्ते उसके पास इसका पर्याप्त बड़ा कारण हो।"

जीवन या व्यवसाय में आपका उद्देश्य लगभग हमेशा इस संदर्भ में परिभाषित होता है कि आप दूसरे लोगों के जीवन या कामकाज को बेहतर बनाने या समृद्ध करने के लिए क्या करते हैं।

जब आपके जीवनमूल्य स्पष्ट होते हैं और आपका स्वप्न स्पष्ट होता है, तो आपका उद्देश्य उनसे स्वाभाविक रूप से प्रवाहित होता है। इसकी बदौलत आप ख़ुद को और दूसरों को यह समझाने में सक्षम बनते हैं कि आपके लिए क्या महत्त्वपूर्ण है और जीवन में कौन सी चीज़ आपको प्रेरित करती है।

6

अपनी कंपनी का मिशन तय करें

जब आप अपनी कंपनी के जीवनमूल्य, स्वप्न और उद्‌देश्य तय कर लें, तो अगला क़दम मिशन तय करना होता है।

मिशन पूरी व्यावसायिक रणनीति का अनिवार्य हिस्सा है।

सिकंदर का मिशन स्पष्ट था : ग्रीक संस्कृति और सभ्यता को पूरे संसार में पहुँचाना। वे जानते थे कि इस मिशन में सफलता हासिल करने के लिए उन्हें ज़बर्दस्त प्रतिरोध का सामना करना होगा।

कारोबारी सफलता हासिल करने के लिए आपको भी प्रतिस्पर्धियों के ज़बर्दस्त प्रतिरोध का सामना करना होगा। आप बाज़ार में जो सफलता चाहते हैं, उसे हासिल करने के लिए स्पष्टता अनिवार्य है। आपको अपने जीवनमूल्यों, स्वप्न, मिशन और उद्‌देश्य के बारे में स्पष्ट होना चाहिए।

इसे गुणवत्ता के संदर्भ में परिभाषित करें

मिशन स्टेटमेंट मात्रा पर नहीं, हमेशा गुणवत्ता पर आधारित होता है। 'बहुत सारे पैसे कमाना' या 'मुनाफ़ा बढ़ाना' मिशन स्टेटमेंट की श्रेणी में

नहीं आता है। मिशन स्टेटमेंट का केंद्र बाहर की तरफ़ होता है। इसका केंद्र इस बात पर होता है कि आप अपने ग्राहकों के जीवन में सहायता करने और उसे बेहतर बनाने के लिए क्या करना चाहते हैं।

जीई का मिशन स्टेटमेंट यह है : "जनरल इलेक्ट्रिक एक अनूठी, बहुत सक्रिय, उद्यमी कंपनी है, जो अपनी हर प्रॉडक्ट लाइन में उत्कृष्टता के बेजोड़ स्तर, ऊँचे मुनाफ़े और विश्वव्यापी नेतृत्व के लिए जानी जाती है।"

इस मिशन स्टेटमेंट ने कंपनी की गतिविधियों को प्रेरित किया तथा शक्ति दी। इसी की बदौलत जनरल इलेक्ट्रिक इतिहास की सबसे सफल कंपनियों में से एक बनी। जैक वेल्च और बाद में जेफ्री इमेल्ट के नेतृत्व में जीई नवाचारी प्रॉडक्ट्स व सेवाओं, कारोबारी विकास और मुनाफ़े में विश्व लीडर बन गई है और कंपनी को जानने वाला लगभग हर व्यक्ति इसका सम्मान करता है।

आपका अम्ब्रेला स्टेटमेंट

मिशन स्टेटमेंट को अक्सर आपका 'अम्ब्रेला स्टेटमेंट' या वृहद कथन भी कहा जाता है। यह व्यवस्था का वह सिद्धांत है, जिसके आधार पर कंपनी का हर काम किया जाता है। मिशन स्टेटमेंट लोगों को बताता है कि कंपनी क्या करती है और यह भी कि कंपनी क्या नहीं करती है।

एक अच्छे मिशन स्टेटमेंट में प्रणाली और पैमाना दोनों शामिल होते हैं। मिशन एक ऐसी चीज़ होती है, जिसे हासिल किया जा सकता है, लेकिन आपके पास स्पष्ट पैमाने और मापदंड होने चाहिए, जिनका इस्तेमाल करके आप यह पता लगा सकें कि आप मिशन को हासिल करने के कितने क़रीब हैं।

मिशन स्टेटमेंट का एक सरल प्रारूप ऐसा हो सकता है : "हमारा मिशन है कि हम (वर्णन करें कि आप अपने ग्राहकों के जीवन या

कामकाज को किस तरह बेहतर बनाने का इरादा रखते हैं)। हम इस मिशन को इस तरह हासिल करेंगे (आप किन प्रणालियों का इस्तेमाल करेंगे) और हम कितने सफल हुए हैं, यह हम इस तरह मापेंगे (सटीक संख्याएँ डालें, जिनसे यह पता चलेगा कि आपने अपना मिशन हासिल कर लिया है)।"

उदाहरण :

हमारा मिशन हमारे बाज़ार में अपने प्रॉडक्ट या सेवा का सर्वश्रेष्ठ प्रदाता बनना है, हमारे ग्राहकों के कामकाजी जीवन और निजी जीवन को बहुत बेहतर बनाना है। हमारा तरीक़ा यह है कि हम अपने प्रॉडक्ट की गुणवत्ता को लगातार बढ़ाएँगे और आक्रामक रूप से मार्केटिंग करके नए व बेहतर ग्राहक बनाएँगे। हमारी सफलता का पैमाना यह है कि बिक्री और मुनाफ़े में हर साल 20 प्रतिशत या ज़्यादा की वृद्धि हो।

इसे स्पष्ट बनाएँ

एक अच्छे मिशन स्टेटमेंट को स्पष्ट, निश्चित, मापने योग्य होना चाहिए। जो भी व्यक्ति मिशन हासिल करने के लिए ज़िम्मेदार है, उसे यह आसानी से समझ में आना चाहिए। इस पर अमल करना भी आसान होना चाहिए। इस कसौटी पर कसे जाने पर ज़्यादातर मिशन स्टेटमेंट अस्पष्ट और अनिश्चित नज़र आते हैं। वे कंपनी के कर्मचारियों को मार्गदर्शन और दिशा नहीं देते हैं। किसी को भी पता नहीं होता कि मिशन कब हासिल हुआ। यह भी पता नहीं होता कि क्या मिशन हासिल हो गया है या आप इसे हासिल करने के कितने क़रीब हैं।

उथल-पुथल और तीव्र परिवर्तन के दौर में अक्सर अपने मिशन स्टेटमेंट पर नज़र डालना बेहतर होता है। हो सकता है कि यह आंशिक रूप से या पूरी तरह से दक़ियानूसी हो गया हो। हो सकता है कि आपके

प्रॉडक्ट, सेवाएँ, बाज़ार, ग्राहक और प्रौद्योगिकी में नाटकीय बदलाव हो गया हो। आपके मिशन स्टेटमेंट को समय के साथ चलना चाहिए।

कई बार तो मिशन स्टेटमेंट दोबारा देखने और इसके शब्द बदलने से ही आपके व्यवसाय की दिशा बदल जाती है। यह नए निर्णयों, नई रणनीतियों और नए कार्यों की ओर ले जा सकता है। सत्यनिष्ठा, गुणवत्ता और ग्राहक सेवा उत्कृष्टता के आपके जीवनमूल्य पहले जैसे ही रह सकते हैं। अपने उद्योग में सर्वश्रेष्ठ बनने का सपना भी वही रहता है, लेकिन आपको अपने मिशन को नई वास्तविकताओं के अनुरूप बदलना या सामयिक बनाना पड़ सकता है।

सही तालमेल

मिशन स्टेटमेंट बनाना किसी ताले का सही तालमेल खोजने जैसा है। एक बार जब आपके पास सही तालमेल आ जाता है और आप सही क्रम में सही संख्याओं को घुमाते हैं, तो ताला खुल जाएगा। जिस रणनीति से आप अपना मिशन हासिल कर सकते हैं, वह अपने आप क़दम दर क़दम प्रक्रिया के रूप में सामने आ जाएगी।

7

भविष्य से वापस लौटना

रणनीति आपकी कंपनी को आदर्श भविष्य तक ले जाने वाला मार्ग है। रणनीतिक नियोजन यह जानने से शुरू होता है कि आप इस वक़्त कहाँ हैं। इसका अर्थ यह है कि आप अपने आदर्श भविष्य का स्वप्न देखें, फिर इस बात पर ध्यान केंद्रित करें कि भविष्य के निर्माण के लिए वर्तमान में क्या-क्या बदलने की आश्यकता है।

आपका व्यवसाय क्या है?

आप कहाँ पहुँचना चाहते हैं, यह निर्णय लेने से पहले आपको स्पष्टत रूप से यह पता करना होता है कि आप आज कहाँ हैं।

यह प्रश्न पूछकर शुरुआत करें कि आज आपका व्यवसाय क्या है? इसका स्पष्टता से वर्णन करें। इसका वर्णन इस संदर्भ में करें कि आपका प्रॉडक्ट ग्राहकों के जीवन को बदलने या बेहतर बनाने के लिए सचमुच क्या करता है।

कई लोगों को यही पक्का पता नहीं होता कि उनका व्यवसाय दरअसल है क्या। रेलमार्ग के इतिहास में इसका अच्छा उदाहरण देखने में आता है।

रेलमार्ग कंपनियाँ यह सोचती थीं कि उनका व्यवसाय रेलमार्ग चलाना था, जबकि उनका असली व्यवसाय वस्तुओं और सेवाओं का परिवहन था।

अमेरिका की ज़्यादातर रेलमार्ग कंपनियाँ अंततः दिवालिया हो गईं या लगभग दिवालिया हो गईं, क्योंकि लोगों, वस्तुओं और सेवाओं के ज़्यादातर परिवहन पर ट्रकों, हवाई जहाज़ों या पानी के जहाज़ों ने क़ब्ज़ा कर लिया।

कनाडा में कैनेडियन पैसिफ़िक रेलवे नाम की कंपनी ने इसके विपरीत काम किया। इसने जल्दी ही यह पहचान लिया कि इसका मूल व्यवसाय परिवहन था। इस उद्देश्य को ध्यान में रखते हुए कंपनी ने अपना विस्तार किया और कैनेडियन पैसिफ़िक एयरलाइंस, कैनेडियन पैसिफ़िक ट्रकिंग, कैनेडियन पैसिफ़िक शिपिंग तथा परिवहन के अन्य साधनों में प्रवेश किया। आप चाहे किसी भी चीज़ का परिवहन करना चाहते हों (जिसमें आप ख़ुद भी शामिल हैं), कैनेडियन पैसिफ़िक आपकी मदद कर सकती है।

संख्याओं पर नज़र डालें

ख़ुद का और अपने व्यवसाय का वर्तमान विश्लेषण करें। आप आज कहाँ हैं? बिक्री और मुनाफ़े के मार्जिन क्या हैं? भाव और लागत क्या हैं?

वित्तीय परिणामों के मामले में क्या स्थिति है? बिक्री और मुनाफ़े के मार्जिन क्या हैं? भाव और लागत क्या हैं? बिक्री के आँकड़ों पर नज़र डालें और उन्हें प्रॉडक्ट, प्रॉडक्ट लाइन, सेवा, बाज़ार तथा वितरण चैनल के हिसाब से बाँट लें। आपकी वित्तीय शक्तियाँ और कमज़ोरियाँ क्या हैं? आपके पास कौन से संसाधन उपलब्ध हैं?

इसके बाद बिक्री के अपने लक्ष्यों पर नज़र डालें और परिणामों से उनकी तुलना करें। क्या बिक्री आपकी अपेक्षाओं के अनुरूप हो रही है? आपकी बिक्री ऊपर की तरफ़ चढ़ रही है या नीचे की तरफ़ फिसल रही है? अगर नीचे की तरफ़ फिसल रही है, तो आप इसकी काया-कल्प

करने के लिए क्या कर सकते हैं? अगर ऊपर की तरफ़ चढ़ रही है, तो क्या आपको विश्वास है कि यह बढ़ती रहेगी? आपका भाव और लागतें क्या हैं?

अब अपने मुनाफ़े और मार्जिन पर ध्यान केंद्रित करें। यही सवाल पूछें। क्या वे अपेक्षा के अनुरूप हैं? वे ऊपर की तरफ़ चढ़ रहे हैं या नीचे की तरफ़ फिसल रहे हैं?

आपका प्रतिफल क्या है?

अपने प्रॉडक्ट्स और सेवाओं का विश्लेषण करें। आप कौन सी चीज़ अच्छी तरह बेच रहे हैं? कौन से प्रॉडक्ट सबसे लाभदायक हैं? कौन से प्रॉडक्ट ठीक से नहीं बिक रहे हैं? किन प्रॉडक्ट्स पर आपको घाटा हो रहा है? कई कंपनियाँ इस जाल में फँस जाती हैं कि वे लोकप्रिय प्रॉडक्ट्स या सेवाओं को बेचती रहती हैं, हालाँकि उन पर उन्हें आर्थिक घाटा हो रहा होता है। आपके व्यवसाय का लक्ष्य बहुत सारे प्रॉडक्ट बेचना नहीं, बल्कि पैसे कमाना है। अगर आप हर प्रॉडक्ट बेचने पर पैसे गँवा रहे हैं, तो ज़्यादा प्रॉडक्ट बेचने का मतलब यह है कि आप ज़्यादा पैसे गँवा रहे हैं।

बिक्री पर मिलने वाले प्रतिफल या रिटर्न पर नज़र डालें। इसके अलावा निवेश पर प्रतिफल और इक्विटी पर प्रतिफल को भी देखें। वे बढ़ रहे हैं या घट रहे हैं? क्या आप सही निर्णय लेरहे हैं?

ग्राहक भगवान है

ग्राहक पर आपका प्रतिफल क्या है? जिस तरह आपको हर प्रॉडक्ट पर नुक़सान हो सकता है, उसी तरह आपको हर ग्राहक पर भी नुक़सान हो सकता है। ये वे ग्राहक नहीं होते हैं, जिन्हें आप बेचना चाहते हैं। आज आपके सबसे कम लाभदायक और सबसे ज़्यादा लाभदायक ग्राहक कौन हैं? आप अपने सबसे कम लाभदायक ग्राहकों को हटा देना चाहते हैं और अपने सर्वश्रेष्ठ ग्राहकों को बनाए रखना चाहते हैं।

आपके ग्राहकों को कौन सी चीज़ ख़ुश करती है? आपके सर्वश्रेष्ठ ग्राहक आपके पास बार-बार क्यों आते हैं? आप उनकी ख़ातिर जो करते हैं, उसमें उन्हें सबसे ज़्यादा पसंद क्या आता है? ग्राहक संतुष्टि के किस क्षेत्र में आप अव्वल हैं, उसे समझना ही कुंजी है।

पूरी निर्ममता से ईमानदार बनें और यह भी देखें कि आपके ग्राहक क्या पसंद नहीं करते हैं। ग्राहकों की शिकायतों का सबसे बड़ा कारण क्या है? आप क्या नहीं दे रहे हैं, जिसकी वजह से ग्राहक और संभावित ग्राहक आपके प्रतिस्पर्धियों के पास जा रहे हैं?

बाज़ार में आपकी स्थिति

बाज़ार में अपनी स्थिति को समझने का मतलब है अपनी शक्तियों और कमज़ोरियों को पहचानना। आपकी कंपनी क्या बहुत अच्छी तरह करती है? आपकी कमज़ोरियाँ क्या हैं? बाज़ार में आपकी क्या स्थिति है? आपके मुख्य प्रतिस्पर्धी कौन हैं? आप अपने प्रतिस्पर्धियों की तुलना में किस स्थान पर आते हैं? आपके दूसरे क्रम के प्रतिस्पर्धी कौन हैं?

आपके प्रतिस्पर्धी क्या सही कर रहे हैं? उनकी शक्तियाँ और कमज़ोरियाँ क्या हैं? आप उनसे क्या बेहतर या बदतर कर रहे हैं?

हर विवरण को ध्यान से देखें और पूरी निर्ममता से ईमानदार बनें। दिग्गज कंपनी आईटीटी के हैरॉल्ड जेनीन ने कहा था, "तथ्य हासिल करें। असली तथ्य हासिल करें। वे तथ्य नहीं, जो सतही हैं, आशापूर्ण हैं या तार्किक हैं। विश्लेषण पर आधारित असली तथ्य हासिल करें। असली तथ्य झूठ नहीं बोलते हैं।"

आप कहाँ पहुँचना चाहते है?

जब आप पूरी तरह से समझ जाते हैं कि आप इस वक़्त कहाँ हैं, तो परीक्षण के लिए अगला सवाल यह है कि आप भविष्य में कहाँ पहुँचना चाहते हैं।

वर्तमान रुझानों के मद्देनज़र आपका व्यवसाय कहाँ जा रहा है? यह दो-तीन साल में कहाँ होगा? यह बढ़ेगा, घटेगा या वर्तमान मार्ग पर चलता रहेगा? भविष्य वर्तमान से हमेशा भिन्न होगा, यह जानते हुए आपका व्यवसाय अपनी वर्तमान गति से किस ओर बढ़ रहा है?

संभावनाओं पर विचार करें

ख़ुद से पूछें कि यह व्यवसाय कल क्या हो सकता है?

आपके व्यवसाय में कौन सी संभावनाएँ हैं? आप क्या अलग कर सकते हैं या किन नए क्षेत्रों में जा सकते हैं, जिनसे आपका व्यवसाय बदल जाएगा? आप कौन से नए प्रॉडक्ट और सेवाएँ तैयार करके बेच सकते हैं और किन अलग-अलग तरीक़ों से और जगहों पर?

कल्पना करें कि कोई सीमाएँ नहीं हैं

फिर पूछें कि इसे कैसा होना *चाहिए*? आपकी कंपनी को आज से तीन या पाँच साल बाद कहाँ होना चाहिए? अगर आप जादू की छड़ी लहरा सकें और पूरी तरह से आदर्श कंपनी बना सकें और अगर आपकी कोई सीमा ना हो, तो भविष्य में किसी समय आपका व्यवसाय कैसा हो सकता है या इसे कैसा होना चाहिए?

मैंने एक बार मुश्किल दौर से गुज़र रही एक मल्टीबिलियन डॉलर कंपनी के लिए रणनीतिक सत्र आयोजित किया। नई प्रतिस्पर्धा और सरकार की नई नीतियों की वजह से कंपनी की हालत ख़राब हो गई थी, जिसकी वजह से छँटनी, बिज़नेस का आकार घटाने और विनिवेश का दौर शुरू हो गया था। मैंने सत्र की शुरुआत उस प्रक्रिया से की, जिसे मैं 'आदर्शीकरण' कहता हूँ। लक्ष्य यह था कि कंपनी के एक्ज़ीक्यूटिव्ज़ वर्तमान पर ध्यान केंद्रित करना छोड़ दें और इसके बजाय आदर्श भविष्य पर ध्यान केंद्रित करें। मैंने टेबल पर बैठे शीर्ष मैनेजरों से कहा कि वे 'पंचवर्षीय फँतासी' तैयार करें।

पंचवर्षीय फँतासी एक ऐसा अभ्यास है, जिससे आपको एक आदर्श भविष्य की कल्पना में मदद मिलेगी। विस्तार से यह फँतासी बनाने के लिए ख़ुद से कई प्रश्न पूछें : उस वक़्त आपकी कंपनी कितनी बड़ी होगी? इसकी कैसी प्रतिष्ठा होगी? आप कौन से प्रॉडक्ट्स और सेवाएँ बेच रहे होंगे, जिनकी बदौलत आपका बाज़ार में वर्चस्व होगा? आपकी कंपनी के लिए किस तरह के कर्मचारी काम करेंगे और आपके पास किस तरह का नेतृत्व होगा? आप किस तरह का मुनाफ़ा हासिल कर रहे होंगे? आपके शेयर का भाव कितना ऊँचा होगा?

जब मैंने उस ख़स्ताहाल कंपनी के मैनेजरों के साथ यह अभ्यास पूरा किया, तो अंत में हमारे पास आदर्श कंपनी के 27 अलग-अलग वर्णन थे, जिन्हें हमने स्पष्ट लक्ष्यों में बदला। बाक़ी चीज़ों के अलावा इन लक्ष्यों में ऊँचा मुनाफ़ा, बाज़ार में बेहतरीन प्रतिष्ठा, शेयर का ऊँचा भाव, ऊँची विकास दर, शीर्ष नेतृत्व, बेहतरीन ग्राहक सेवा और उत्कृष्ट कामकाजी माहौल शामिल थे। वहाँ मौजूद हर मैनेजर ने पूरे विश्वास से कहा कि सभी लक्ष्य पाँच साल में हासिल किए जा सकते हैं।

भविष्य से वापस लौटने वाली सोच

जब आप स्पष्टता से अपने आदर्श भविष्य का वर्णन कर लें, तो फिर लौटकर अपनी वर्तमान स्थिति तक आएँ और यह निर्णय लें कि उस आदर्श भविष्य के स्वप्न को हक़ीक़त में बदलने के लिए आपको आज ही से क्या शुरू करना होगा। इसे 'भविष्य से वापस लौटने वाली' सोच कहा जाता है। हर उस चीज़ की सूची बनाएँ, जिसकी ज़रूरत आपको अपनी पंचवर्षीय फँतासी को सच करने के लिए होगी। यह रणनीतिक योजना बनाने की शुरुआत है।

के मुख्य उद्देश्य हासिल नहीं कर पाए, जिनके लिए वे ज़िम्मेदार थे। वे उद्देश्य दरअसल क्या हैं, इस बारे में अस्पष्टता की वजह से ही वे लंबे समय में हासिल नहीं हो पाते हैं।

अपनी कंपनी की रणनीति का सफलतापूर्वक नेतृत्व करने का मतलब यह है कि आप लक्ष्यों पर लेज़र की तरह ध्यान केंद्रित रखें। यदि आपके सामने कंपनी के रणनीतिक लक्ष्य पूरी तरह से स्पष्ट नहीं हैं, तो आप रणनीति पर अमल कैसे कर सकते हैं?

आपकी कंपनी या आपके पद के संदर्भ में आपका मुख्य उद्देश्य क्या है? आप क्या करने की कोशिश कर रहे हैं? आप इसे कैसे करने की कोशिश कर रहे हैं? क्या कोई बेहतर तरीक़ा हो सकता है? क्या वर्तमान स्थिति को देखते हुए आपके लक्ष्य और उद्देश्य यथार्थवादी हैं? आपकी मान्यताएँ क्या हैं? अगर आपकी मान्यताएँ ग़लत निकलीं, तो क्या होगा? तब आप क्या करेंगे?

जैसा पीटर ड्रकर ने कहा था, "ग़लत मान्यताएँ हर असफलता की जड़ में होती हैं।"

हमेशा इस संभावना के प्रति खुले रहें कि आप ग़लत चीज़ कर सकते हैं। आपका बिज़नेस मॉडल दक़ियानूसी हो सकता है। इनमें से एक या ज़्यादा क्षेत्रों में कभी जो निर्णय अच्छा था, वह आज अच्छा निर्णय नहीं है।

9

प्रेरक शक्ति

रणनीति की कुंजी

प्रेरक शक्ति का विचार बहुत बढ़िया है। यह आपके व्यवसाय के वर्तमान और भविष्य के बारे में ज़्यादा स्पष्टता से सोचने में आपकी मदद कर सकता है। इसकी मदद से आप अपने हर काम के बारे में ज़्यादा स्पष्ट हो सकते हैं।

प्रेरक शक्ति शब्दावली व्यावसायिक परामर्शदाता जॉन ज़िमरमैन और बेंजामिन ट्रेगो ने दी है। आज यह रणनीति के क्षेत्र में एक मुख्य अवधारणा बन चुकी है। प्रेरक शक्ति वह मात्रात्मक सिद्धांत है, जिसके इर्द-गिर्द सारी योजना बनाई जाती है।

कई प्रेरक शक्तियाँ होती हैं और आप उनमें से किसी भी एक का चयन कर सकते हैं, लेकिन हमेशा एक ऐसी प्रेरक शक्ति होती है, जो आपके व्यवसाय की सबसे महत्त्वपूर्ण नींव होती है।

यहाँ एक महत्त्वपूर्ण बिंदु पर ध्यान दें। मिसाल के तौर पर, यदि आप अपनी कंपनी के लिए प्रॉडक्ट पर केंद्रित प्रेरक शक्ति का चयन करते हैं, तो इसका यह मतलब नहीं है कि आप ग्राहकों की आवश्यकता

और ग्राहकों की संतुष्टि के बाक़ी क्षेत्रों पर बिलकुल ध्यान नहीं देते हैं। आपकी प्रेरक शक्ति तो 'अहम बिंदु' है, जिसके सहारे आप अपने व्यवसाय, अपने ग्राहक और अपने वित्तीय परिणामों के बारे में सोचते हैं।

प्रॉडक्ट या सेवा केंद्रित प्रेरक शक्ति

प्रॉडक्ट या सेवा केंद्रित प्रेरक शक्ति आपके बाज़ारों और प्रॉडक्ट्स का दायरा तय करती है। मान लेते हैं कि आप डोमिनोज़ पिज़्ज़ा या मैकडॉनल्ड्स से जुड़े हैं। इस स्थिति में आपके पास एक प्रॉडक्ट केंद्रित प्रेरक शक्ति है। आपके संगठन की हर चीज़ और आपकी रणनीति का केंद्र यह होगा कि आप हमेशा ज़्यादा से ज़्यादा जगहों पर ज़्यादा ग्राहकों को ज़्यादा प्रॉडक्ट बेचें।

अगर आप अकाउंटिंग या क़ानूनी फ़र्म के हैं, तो आपके पास सेवा केंद्रित प्रेरक शक्ति है। तब आपका लक्ष्य यह होगा कि आप ज़्यादा से ज़्यादा तरीक़ों से ज़्यादा ग्राहकों को अपनी निश्चित सेवाएँ ज़्यादा बेचें।

बाज़ार को प्रेरक शक्ति की ज़रूरत होती है

यह प्रेरक शक्ति तब मिलती है, जब आप किसी ख़ास बाज़ार को चुनकर ख़ुद से पूछते हैं, "यह क्या है, जिसकी मेरे बाज़ार को ज़रूरत है और यह चाहता है?" तब आप उस ख़ास बाज़ार के लिए प्रॉडक्ट या सेवाएँ तैयार करते हैं।

ऑल-स्टेट लीगल सप्लाई मेरी ग्राहक रही है। यह बहुत एकाग्रता वाली उत्कृष्ट कंपनी है। यह वह हर चीज़ देती है, जिसकी ज़रूरत किसी लॉ ऑफ़िस को अच्छी तरह काम करने के लिए होती है, जिसमें लीज़ पर साइन करने से लेकर कंपनी बंद करने तक हर चीज़ शामिल है। यह कंपनी फ़र्नीचर, कंप्यूटर, सॉफ्टवेयर, स्टेशनरी और ऑफ़िस की सामग्री सप्लाई करती है तथा आवश्यकता पड़ने पर अल्पकालीन सेवाएँ भी प्रदान करती है।

प्रौद्योगिकी केंद्रित प्रेरक शक्ति

यह प्रेरक शक्ति तब होती है, जब आप अपने व्यवसाय को अपनी प्रौद्योगिकी के इर्द-गिर्द बनाते हैं। एप्पल प्रौद्योगिकी केंद्रित प्रेरक शक्ति का एक अच्छा उदाहरण है। एप्पल कंपनी फ्रिज नहीं बनाती है या किराना नहीं बेचती है। एप्पल सिर्फ़ वही प्रॉडक्ट बनाती है, जहाँ प्रौद्योगिकी में अपनी उत्कृष्ट और नवाचार की बदौलत यह प्रतिस्पर्धियों के मुक़ाबले बाज़ार में ज़्यादा लाभप्रद स्थिति में हो।

आप चाहे कंप्यूटर, सॉफ्टवेयर, इंटरनेट मार्केटिंग, दूरसंचार उपकरण आदि के क्षेत्र में हों, आपकी प्रौद्योगिकी ही आपके प्रॉडक्ट्स और सेवाओं को तय करेगी। यही तय करेगी कि आप किन बाज़ारों में जाएँ और कौन से नए प्रॉडक्ट्स बनाएँ।

उत्पादन क्षमता प्रेरक शक्ति

इस मामले में आपकी उत्पादन क्षमता आपके प्रॉडक्ट्स तथा आपके लक्ष्य बाज़ारों को तय करती है। मिसाल के तौर पर फ़र्नीचर बनाने वाली कंपनी की प्रेरक शक्ति ज़्यादा और बेहतर विविधता वाला फ़र्नीचर बनाना होगी, जिसे यह ज़्यादा बाज़ारों में ज़्यादा ग्राहकों को बेच सके।

आइकिया उत्पादन क्षमता की प्रेरक शक्ति वाली कंपनी का आदर्श उदाहरण है। इसका हर काम हमेशा फैलते बाज़ारों में ज़्यादा से ज़्यादा लोगों के लिए आसानी से जोड़े जा सकने वाले फ़र्नीचर की ज़्यादा क़िस्में डिज़ाइन करने और उत्पादन करने पर केंद्रित होता है। इसके पास फ़र्नीचर और फ़र्नीचर के हिस्से बनाने के लिए उपकरण हैं - खराद मशीन, ड्रिल्स और असेंबली लाइन्स। इसकी उत्पादन क्षमता से ही यह तय होता है कि यह कितना ज़्यादा और किस तरह का फ़र्नीचर बना सकती है।

बिक्री प्रणाली केंद्रित प्रेरक शक्ति

इस मामले में आपकी बिक्री की प्रणाली आपके प्रॉडक्ट्स, सेवाओं और आपकी सारी व्यावसायिक गतिविधियों को तय करती है। फुटकर, थोक, डाक, इंटरनेट, वितरक या उत्पादक के प्रतिनिधि बिक्री की प्रणालियों के अंतर्गत आते हैं।

हमारे व्यवसाय में और आज पूरे संसार के लाखों अन्य व्यवसायों में इंटरनेट के माध्यम से ऑनलाइन बिक्री तथा डिलिवरी होती है, जहाँ ग्राहक प्रॉडक्ट को इलेक्ट्रॉनिक रूप से डाउनलोड करता है। चूँकि बिक्री की हमारी प्रणाली संभावित ग्राहकों से संपर्क करना और ज्ञान-आधारित डिजिटल प्रॉडक्ट्स बेचना है, इसलिए हमारे व्यवसाय का पूरा ढाँचा इसी से तय होता है : प्रॉडक्ट तैयार करने से लेकर प्रौद्योगिकी की आवश्यकताओं तक, स्टाफ़ की नियुक्ति, ऑफ़िस की सुविधाओं, मार्केटिंग, बिक्री, भाव, ग्राहक संबंध और बाक़ी हर चीज़।

वितरण प्रणाली केंद्रित प्रेरक शक्ति

कई बार वितरण का आपका तरीक़ा आपके प्रॉडक्ट या सेवाओं को तय करता है। यही तय करता है कि आप उसे किस तरह से ग्राहकों के सामने रखते हैं। मिसाल के तौर पर, एवन कंपनी अपने प्रॉडक्ट्स अपने सौंदर्य प्रसाधनों का व्यक्तिगत और सामूहिक दोनों तरह से प्रदर्शन करके उनका वितरण करती है। यह आमने-सामने की वितरण प्रणाली कंपनी के पूरे तंत्र को तय करती है, जिसमें यह भी शामिल है कि एवन कौन से नए प्रॉडक्ट बनाएगी, इनके भाव कैसे तय होंगे, इन्हें कैसे बेचा और पहुँचाया जाएगा और कंपनी का प्रतिपूर्ति तंत्र तथा वित्तीय तंत्र क्या होगा।

प्राकृतिक संसाधन केंद्रित प्रेरक शक्ति

एक्सॉनमोबिल, वेयरहॉसर, शेल या ब्रिटिश पेट्रोलियम जैसी कंपनियों के मामले में प्रेरक शक्ति प्राकृतिक संसाधनों को निकालना, उनकी प्रोसेसिंग

करना, ढोना और पहुँचाना है, जैसे तेल, गैस, कोयला, लकड़ी हो या ताँबा, सोने या लौह अयस्क जैसे खनिज पदार्थ। प्राकृतिक संसाधनों की उपलब्धता की जगह और इन प्राकृतिक संसाधनों के ग्राहक या बाज़ार से ही कंपनी का हर काम तय होता है।

आकार/विकास केंद्रित प्रेरक शक्ति

बिक्री और मुनाफ़ा बढ़ाने का निश्चित लक्ष्य भी कई कंपनियों की प्रेरक शक्ति हो सकता है। कई साल तक टोयोटा में आकार/विकास केंद्रित प्रेरक शक्ति रही है। इस कार निर्माता कंपनी का उद्देश्य बाज़ार में हिस्सेदारी हासिल करना रहा है। जब इसने बाज़ार में ज़्यादा हिस्सेदारी हासिल की, तो बड़े पैमाने पर किफ़ायती उत्पादन की वजह से टोयोटा की उत्पादन लागत कम हो गई और इसका मुनाफ़ा बढ़ गया।

प्रतिफल/मुनाफ़ा केंद्रित प्रेरक शक्ति

कई कंपनियाँ, ख़ासतौर पर बहुत से प्रॉडक्ट/सेवाओं वाली कंपनियाँ, प्रतिफल/मुनाफ़े को प्रेरक शक्ति बना लेती हैं। वे किसी कंपनी को ख़रीदेंगी या शुरू करेंगी या किसी ऐसे बाज़ार में दाख़िल हो जाएँगी, जहाँ उन्हें शानदार मुनाफ़ा मिल सकता है।

अमेरिकन होम प्रॉडक्ट्स कई साल तक इस रणनीति के लिए मशहूर था। यह पूरे देश में व्यक्तियों, कॉरपोरेशनों, कंपनियों और परिवारों को बहुत सारे प्रॉडक्ट्स और सेवाएँ प्रदान करता था। कंपनी की एक आसान प्रेरक शक्ति थी कि हर प्रॉडक्ट को बिक्री पर टैक्स से पहले 20 प्रतिशत मुनाफ़ा देना चाहिए। अगर कोई प्रॉडक्ट इतना मुनाफ़ा नहीं देता है, तो प्रतिफल/मुनाफ़े पर केंद्रित कंपनी इसे नहीं रखेगी या इसे जल्दी ही हटा देगी।

अपनी प्रेरक शक्ति को तय करें

आपकी प्रेरक शक्ति क्या है? आपकी बुनियादी प्रेरक शक्ति क्या है और आपकी सहायक प्रेरक शक्तियाँ क्या हैं? प्रेरक शक्ति का चयन आपके व्यावसायिक भविष्य के लिए बेहद अनिवार्य है।

अगर आप अपने उद्योग में अधिकतम बिक्री और मुनाफ़े का लक्ष्य रखते हैं, तो आपको एक अकेली प्रेरक शक्ति को चुनकर उस पर ध्यान केंद्रित करना चाहिए, लेकिन इसका यह मतलब नहीं है कि आपके पास दूसरी शक्तियाँ नहीं हैं या आप उन्हें नज़रअंदाज़ कर देते हैं। इसका तो बस यह मतलब है कि आप जो प्रेरक शक्ति चुनते हैं, वह आपके व्यवसाय की नींव और व्यवस्था संबंधी बुनियादी सिद्धांत बन जाती है।

10

रणनीतिक नियोजन के चार केंद्रीय सिद्धांत

व्यवसाय में रणनीतिक नियोजन के चार सिद्धांत होते हैं, जो कालातीत हैं। इन चार क्षेत्रों में से किसी एक में भी सफलता या असफलता से व्यावसायिक परिणामों में भारी बदलाव हो सकता है। इन सिद्धांतों पर इस कड़ी की मेरी सातवीं पुस्तक *मार्केटिंग* में ज़्यादा विस्तार से बात की गई है।

जानें कि कहाँ विशेषज्ञ बनना है

पहला सिद्धांत है *विशेषज्ञता*। आज हम एक ऐसे संसार में रहते हैं, जहाँ हमें विशेषज्ञ बनना पड़ता है और कुछ चीज़ों को असाधारण रूप से अच्छी तरह करना होता है। आप अपनी विशेषज्ञता के लिए कौन सा क्षेत्र चुनते हैं, उसी से आपकी कंपनी का भविष्य काफ़ी हद तक तय होता है।

आप एक प्रॉडक्ट, एक सेवा, एक ग्राहक समूह या बाज़ार के एक खंड के विशेषज्ञ बन सकते हैं। जब आप सिर्फ़ एक प्रॉडक्ट या सेवा क्षेत्र के विशेषज्ञ होते हैं, तो विशेषज्ञता का वर्णन करना आसान होता है।

जब आपसे पूछा जाता है, "आप किस व्यवसाय में हैं?" तो आप तुरंत जवाब देंगे 'जीवन बीमा', या 'ऑर्थपेडिक सर्जरी', या 'सीफूड रेस्तराँ', या 'कंपनी सॉफ्टवेयर' आदि।

अपने बाज़ार को चुनें

विशेषज्ञता का संबंध आपके बाज़ार से भी होता है। आप एक ख़ास तरह के ग्राहक के संदर्भ में विशेषज्ञ बन सकते हैं। मिसाल के तौर पर, पेशेवर व्यावसायिक वक्ता के अपने व्यवसाय में मैं एक तरफ़ तो कॉरपोरेशनों के मैनेजरों तथा एक्ज़ीक्यूटिव्ज़ के साथ व्यस्त रहता हूँ और दूसरी तरफ़ छोटे व मध्यम आकार की कंपनियों के मालिकों से व्यस्त रहता हूँ, चाहे वे कहीं भी स्थित हों। मैं पूरे संसार में काम करता हूँ और 67 देशों में व्याख्यान दे चुका हूँ। मैंने सत्तर पुस्तकें लिखी हैं और सैकड़ों ऑडियो तथा वीडियो लर्निंग प्रोग्राम बनाए हैं, लेकिन इस सारी सामग्री का लक्ष्य एक तरफ़ तो मैनेजर तथा एक्ज़ीक्यूटिव हैं और दूसरी तरफ़ कंपनी या व्यवसाय के मालिक हैं। मैं इसी क्षेत्र का विशेषज्ञ हूँ।

आप किसी भौगोलिक क्षेत्र में विशेषज्ञ बन सकते हैं। सुविधा स्टोर एक अकेले इलाक़े में विशेषज्ञता रखता है। दूसरी तरफ़, किसी प्रॉडक्ट को बनाने वाला उत्पादक पूरे संसार में अपने प्रॉडक्ट बेचने की विशेषज्ञता रख सकता है, लेकिन हर मामले में आपको विशेषज्ञ बनना होगा और विशेषज्ञता के अपने क्षेत्र के बारे में स्पष्ट होना होगा।

अपने प्रतिस्पर्धियों से अलग बनें

रणनीतिक नियोजन का दूसरा सिद्धांत है *भिन्नता*। सारी मार्केटिंग भिन्नता पर आधारित है। सारी बिक्री भिन्नता पर आधारित है। पूरी कंपनी की सफलता के लिए यह ज़रूरी होता है कि आप अपनी प्रॉडक्ट सेवा को दूसरों से अलग बनाएँ, ताकि यह आपके प्रतिस्पर्धियों से श्रेष्ठ नज़र आए और ग्राहक इसे बेहतर विकल्प मानें।

पीटर ड्रकर ने एक बार कहा था, "मार्केटिंग का उद्देश्य बिक्री को अनावश्यक बना देना है।" एप्पल इसका आदर्श उदाहरण है। जब एप्पल कंपनी किसी नए प्रॉडक्ट या सेवा को बाज़ार में उतारने की घोषणा करती है, तो लोग दुकानों के सामने क़तार लगाकर खड़े हो जाते हैं और कई मर्तबा तो सड़क पर ही सो जाते हैं, ताकि वे उसे सबसे पहले ख़रीद सकें। इन प्रॉडक्ट्स को बेचे जाने की ज़रूरत नहीं है। चूँकि एप्पल की गुणवत्ता की प्रतिष्ठा इतनी उत्कृष्ट है, इसलिए किसी नए प्रॉडक्ट की घोषणा मात्र से ही लोग 'ख़रीदने' के लिए उतावले हो जाते हैं।

प्रतिस्पर्धी लाभ

भिन्नता के लिए 'प्रतिस्पर्धी लाभ' शब्दावली का इस्तेमाल भी किया जाता है। कई बार हम आपकी भिन्नता के क्षेत्र को आपकी 'उत्कृष्टता का क्षेत्र' कहते हैं। हार्वर्ड बिज़नेस स्कूल के माइकल पोर्टर कहते हैं कि 'अनूठे अतिरिक्त मूल्य' का स्रोत विकसित करना ज़रूरी होता है, जिससे आप अपने ग्राहक को कोई ऐसी चीज़ दे सकें, जिसे वे महत्त्वपूर्ण मानते हैं, जिसकी ख़ातिर वे पैसे देने को तैयार हों और जिसे कोई दूसरा प्रतिस्पर्धी ना दे सके।

आपका प्रतिस्पर्धी लाभ क्या है? कौन सी चीज़ आपके प्रॉडक्ट्स को आपके प्रतिस्पर्धियों के प्रॉडक्ट्स से श्रेष्ठ बनाती है? वह अनूठा अतिरिक्त मूल्य क्या है, जो आपके ग्राहकों को किसी दूसरे के बजाय आपसे ख़रीदने पर मिलता है, जिसे कोई दूसरा नहीं दे सकता? इन प्रश्नों को पूछने और जवाब देने की योग्यता संभवतः कारोबारी रणनीति का सबसे अहम हिस्सा है।

अपने आदर्श ग्राहक को चुनें

मार्केटिंग रणनीति का तीसरा सिद्धांत है *खण्डीकरण*। कई मार्केटिंग विशेषज्ञ मानते हैं कि खण्डीकरण ही वर्तमान मार्केटिंग का आधार है।

इसका मतलब है कि आप उन ख़ास ग्राहकों के बारे में पूरी तरह से स्पष्ट हो जाएँ, जो आपकी विशेषज्ञता के क्षेत्र में आपके प्रॉडक्ट या सेवा के गुणों की सबसे ज़्यादा क़द्र करेंगे।

हमने अध्याय आठ में खण्डीकरण का ज़िक्र करते हुए यह प्रश्न पूछा था, "आपका आदर्श ग्राहक सटीकता से कौन है?" इस प्रश्न का जवाब है वह व्यक्ति, जो आपकी विशेषज्ञता के क्षेत्र की सबसे ज़्यादा क़द्र करता है और आपके द्वारा दिए जाने वाले अनूठे अतिरिक्त मूल्य को सबसे ज़्यादा पाना चाहता है। आपका आदर्श ग्राहक वह है, जो सबसे जल्दी ख़रीदेगा और जिसके लिए भाव ज़्यादा मायने नहीं रखेगा।

एक और रणनीति यह है कि आप अपने लक्ष्य बाज़ार को पहचानें, अपने आदर्श ग्राहक को पहचानें, फिर उस खंड के लोगों के लिए अपने प्रॉडक्ट को सर्वश्रेष्ठ विकल्प बनाने पर पूरी एकाग्रता से ध्यान केंद्रित करें।

अगर आप अपने वर्तमान ग्राहकों को उतना नहीं बेच पा रहे हैं, जितना आप बेचना चाहते हैं, तो एक और रणनीति यह है कि आप *अपने ग्राहक को बदल लें*। एक नया ग्राहक समूह खोजें या विकसित करें, जो आपके प्रॉडक्ट या सेवा के विशेष गुणों की बेहतर क़द्र करे।

अपने व्यवसाय के आदर्श ग्राहक का वर्णन आप जितनी ज़्यादा स्पष्टता से कर सकते हैं, विज्ञापन और प्रचार में उतनी ही ज़्यादा आसानी होती है, ताकि यह ठीक उसी ग्राहक पर केंद्रित रहे, जिसे आप आकर्षित करना चाहते हैं और जो आपकी पेशकश की सबसे ज़्यादा क़द्र करेगा।

एकाग्रता

मार्केटिंग का चौथा रणनीतिक सिद्धांत है *एकाग्रता*। एक बार जब आप विशेषज्ञ बन जाते हैं, भिन्न बन जाते हैं और विशेष खंड में काम करते हैं, तो फिर आप अपने व्यवसाय के लिए सर्वश्रेष्ठ और सबसे लाभकारी

संभावित ग्राहकों पर केंद्रित होने में अपने 100 प्रतिशत संसाधन समर्पित कर सकते हैं।

जब आप कोई उत्कृष्ट प्रॉडक्ट या सेवा तैयार कर लेते हैं और सबसे अच्छे ग्राहकों का पता लगा लेते हैं, जो आपके प्रॉडक्ट/सेवा को आपके लिए लाभदायक भाव पर ख़रीद सकते हैं और ख़रीदेंगे, तो आप एकाग्र मानसिकता से बाज़ार के उस खंड पर वर्चस्व जमाने पर ध्यान केंद्रित करते हैं।

या जैसा सिकंदर ने गॉगामेला के युद्ध में अपने सैनिकों से कहा था, "डेरियस को मारो। डेरियस को मारो। डेरियस को मारो।"

से एक साथ काम कराने की योग्यता - जैसे आपका आईफ़ोन आपके कंप्यूटर से जुड़ सके। हम अपने फ़ोन का इस्तेमाल कैसे करते हैं और हम संगीत कैसे सुनते हैं, इन क्षेत्रों में क्रांति करने के लिए एप्पल को बस इन तीन चीज़ों की ही ज़रूरत थी।

आज के बाज़ार में भारी सफलता पाने के लिए आपको अपने समय, पैसे और संसाधनों को कहाँ केंद्रित करना चाहिए? आपका जवाब चाहे जो हो, देर ना करें। इसे अभी कर दें। जैसा विन्स्टन चर्चिल ने कहा था, "जब आपके पास जीत का मौक़ा है, तब अगर आप काम नहीं करते हैं, तो जल्दी ही आपको तब काम करना पड़ेगा, जब आपके पास कोई मौक़ा ही नहीं होगा।"

12

समीपवर्ती क़दम

सर्वश्रेष्ठ रणनीति यह है कि आप उस चीज़ पर ध्यान केंद्रित करें, जिसे आप बहुत अच्छी तरह करते हैं। आपको बुनियादी क्षमताओं पर आधारित कुछ बुनियादी व्यवसायों पर ध्यान केंद्रित करना चाहिए, लेकिन यह भी सच है कि अपनी कंपनी का विकास करने के लिए आपको बुनियादी व्यवसाय से आगे विस्तार करना होगा। कई कंपनियाँ विस्तार करने के चक्कर में उन व्यवसायों में उलझ जाती हैं, जो उनके बुनियादी व्यवसाय से बहुत ज़्यादा दूर होते हैं। उनके पास वहाँ सफल होने का अनुभव, क्षमताएँ या ब्रांड नेम नहीं होता है।

प्रॉफ़िट फ़्रॉम द कोर के बाद लिखी गई पुस्तक *बियॉन्ड द कोर* में क्रिस जुक बताते हैं कि कंपनी को समीपवर्ती क्षेत्रों में आगे बढ़कर विकास या विस्तार करना चाहिए - उन क्षेत्रों में, जहाँ इसके बुनियादी व्यवसाय की क्षमताएँ काम आती हैं।

तीन सत्य

वॉलमार्ट ने होलसेल ख़रीदारी के लिए सैम्स क्लब डिस्काउंट स्टोर खोले। अमेरिकन एयरलाइंस ने सैब्रे ऑटोमेटेड फ्लाइट रिज़र्वेशन सिस्टम तैयार

किया। नाइकी जूतों से खेल की पोशाकों के क्षेत्र में उतरी। एंटरप्राइज़ रेंट-अ-कार्स का विस्तार कार को लीज़ करने से किराए पर देने और बाद में डीलरशिप तक हुआ। ये सभी समीपवर्ती क़दमों के ऐसे उदाहरण हैं, जो बुनियादी व्यवसायों पर आधारित थे।

सभी समीपवर्ती क़दम सफल नहीं होते हैं, हालाँकि वॉलमार्ट पारंपरिक स्टोर्स के आगे विस्तार करने में तो सफल रही, लेकिन पुस्तकों और खेल सामग्री के रिटेल स्टोर्स में केमार्ट के समीपवर्ती विस्तार असफल रहे।

ज़ुक के अनुसार, समीपवर्ती रणनीतियाँ तभी सफल होती हैं, जब उनमें ये तीन बातें हों :

1. वे कंपनियों की सबसे शक्तिशाली बुनियाद पर बनी हों।
2. उनमें दोहराया जा सकने वाला गुण हो।
3. उनमें सबसे प्रबल ग्राहक जुड़े हों।

दोहराया जा सकने वाला फ़ॉर्मूला समीपवर्ती रणनीति के सबसे शक्तिशाली तत्वों में से एक है। नाइकी एक खेल में उतरी, फिर दूसरे में, फिर तीसरे में। यह हमेशा उसी फ़ॉर्मूले पर चलती रही। ज़्यादातर मामलों में दोहराया जा सकने वाला फ़ॉर्मूला ग्राहकों के ज्ञान पर आधारित होता है, जिसे विभिन्न प्रॉडक्ट्स या ग्राहक खंडों पर लागू किया जा सकता है। इस ज्ञान में लागत और ग्राहकों से होने वाले मुनाफ़े के अर्थशास्त्र को समझना तथा उसका मूल्यांकन करना शामिल है। हर ग्राहक की जीवन चक्र घटनाओं से संबद्ध ख़रीदारी और कुल ख़रीदारी का भी विश्लेषण करना होता है। मौजूदा ग्राहकों को ज़्यादा ख़रीदने के लिए प्रेरित करने वाली रणनीतियाँ ख़ासतौर पर सफल हो सकती हैं। अगर ग्राहक आपकी कंपनी से एक प्रॉडक्ट ख़रीद रहे हैं, तो वे आपसे उससे मिलता-जुलता दूसरा प्रॉडक्ट क्यों नहीं ख़रीदेंगे?

मुनाफ़ा समूह

ज़ुक कहते हैं कि जब आप अपने ग्राहकों को समीपवर्ती क्षेत्रों में ला रहे हैं, तो महत्त्वपूर्ण बात यह है कि उन क्षेत्रों में भारी मुनाफ़े की संभावना होनी चाहिए। दूसरे शब्दों में, समीपवर्ती क्षेत्र में मुनाफ़े की भारी संभावना दिखनी चाहिए। आईबीएम प्रॉडक्ट केंद्रित कंपनी थी। जब इसने आईबीएम ग्लोबल सर्विसेस स्थापित की और सेवाओं के क्षेत्र में क़दम रखा, तो इसे अहसास हुआ कि हार्डवेयर बेचने के बजाय सूचना प्रौद्योगिकी सेवाओं में ऊँचे मुनाफ़े की कहीं ज़्यादा संभावना है। आपके मुनाफ़े के अप्रयुक्त क्षेत्र कौन से हैं? क्या वे उस काम के समीप हैं, जिसे आप अपने बुनियादी व्यवसाय में अच्छी तरह करते हैं?

आकर्षक मुनाफ़े की संभावना वाले उस क्षेत्र में जाने की ग़लती ना करें, जिसमें सफलता का बहुत कम मौक़ा होता है। आगे बढ़ने से पहले ख़ुद से ये प्रश्न पूछें :

- क्या आप बड़े बाज़ार को ग़लती से भारी मुनाफ़े की संभावना मान रहे हैं?
- क्या मुनाफ़े का नियंत्रण शक्तिशाली कंपनी करती है? क्या आप इस मार्केट लीडर की शक्ति को कम आँक रहे हैं?
- क्या आप उस मुनाफ़े के समूह में बाज़ार की शक्ति के मूल कारण को समझते हैं?
- मुनाफ़े वाले समूह में प्रतिस्पर्धा भविष्य में कैसे बदल सकती है, क्या आप इसे कम आँक रहे हैं?

तेज़ गति महत्त्वपूर्ण होती है, लेकिन जल्दबाज़ी में ग़लती होने की गुंजाइश ज़्यादा होती है। अपना होमवर्क करें। ऐसी मान्यताएँ ना बनाएँ, जिनके समर्थन में प्रमाण ना हों। बाधाओं को कम ना आँकें।

13

छोड़ने की रणनीति बनाएँ

रणनीति तभी सफल होती है, जब सारी कोशिशें और समय उस पर केंद्रित किए जाएँ, जिसे आप बहुत अच्छी तरह करते हैं। रणनीतिक नियोजन सिर्फ़ यही नहीं है कि रणनीति के विकल्पों के आधार पर आपको क्या *शुरू* करना चाहिए। यह इस बारे में भी है कि आपको क्या *बंद* करना चाहिए।

याद रखें, कोई नई चीज़ शुरू करने के लिए आपको कोई पुरानी चीज़ बंद करनी होगी। आपका *डांस कार्ड भरा हुआ है*। आपके संसाधन पहले ही पूरी तरह से लगे हैं, चाहे संसाधनों पर क्षमता से अधिक दबाव भले ही ना हो। भविष्य में कोई नया काम करने के लिए आपको अपने कुछ वर्तमान काम छोड़कर समय और संसाधनों को ख़ाली करना होगा।

छोड़ने की रणनीति का मतलब है कि आने वाले कल तक पहुँचने के लिए आपको बीते हुए कल से छुटकारा पाना होगा। आप किससे बाहर निकलने वाले हैं, किसमें कटौती करने वाले हैं, किसे हटाने वाले हैं या किसे पूरी तरह से छोड़ने वाले हैं? रणनीतिक सोच के बुनियादी नियमों में से एक यह है कि आप किसी नए काम में तब तक हाथ ना डालें, जब तक कि आप किसी पुराने काम से हाथ हटा ना लें। कभी किसी नए

क्षेत्र में तब तक विस्तार ना करें, जब तक कि आप किसी पुराने क्षेत्र में किसी चीज़ को छोड़ ना दें।

आपको क्या छाँटना, बंद करना या छोड़ना चाहिए?

आपकी मुख्य कमज़ोरियाँ क्या हैं? आपके व्यवसाय के कई हिस्से ऐसे होते हैं, जिनमें आप कभी मार्केट लीडर नहीं बन सकते। बाज़ार में वर्चस्व हासिल करने की लागत बहुत ज़्यादा ऊँची है और/या आपके प्रतिस्पर्धियों ने ऊँची गुणवत्ता वाले प्रॉडक्ट्स के साथ वहाँ अपनी ज़बर्दस्त पकड़ बना ली है।

एकाग्रता की एक कुंजी यह है कि आपमें उन प्रॉडक्ट्स, सेवाओं और बाज़ारों को छोड़ने की दूरदर्शिता और साहस हो, जहाँ आप श्रेष्ठता या वर्चस्व हासिल नहीं कर सकते। जैसा जैक वेल्च की मशहूर पंक्ति है, "अगर आप प्रतिस्पर्धी लाभ हासिल ना कर सकें, तो प्रतिस्पर्धा ना करें।"

जीई के लिए वेल्च की क्रांतिकारी रणनीतिक नीति यह थी : "हम हर बाज़ार में पहले या दूसरे नंबर पर रहेंगे, वरना हम उस बाज़ार को पूरी तरह से छोड़ देंगे और अपना पूरा ध्यान उन बाज़ारों पर केंद्रित करेंगे, जहाँ हम पहले या दूसरे नंबर पर रह सकें।"

आपके पास शक्तियाँ और कमज़ोरियाँ दोनों होती हैं, यह स्वीकार करना प्रगति की दिशा में एक महत्त्वपूर्ण क़दम है। जिस बाज़ार में आप जीत नहीं सकते, उस बाज़ार से हटने या उसे छोड़ने का निर्णय लेना अक्सर सबसे बुद्धिमत्तापूर्ण रणनीति संबंधी निर्णय होता है।

छोड़े हुए विकल्प का नियम

छोड़े हुए विकल्प का नियम कहता है कि "एक चीज़ को करने का मतलब उन सारी चीज़ों को करने से इंकार करना है, जो आप उस समय कर सकते थे।"

इसका मतलब है कि आप चाहे जो करने का चयन करें, आप उस वक़्त या उस धनराशि से कोई दूसरी चीज़ *नहीं करने* का चयन कर रहे हैं। कई बार जान-बूझकर चीज़ें ना करने का चयन करना बेहद अनिवार्य होता है, ताकि आप अपनी शक्तियाँ उस जगह पर केंद्रित कर सकें, जहाँ आपको सबसे ज़्यादा सफलता मिल सकती है।

प्रबंधक का अहंकार

कंपनियाँ कई बार प्रबंधक के अहंकार की वजह से भी असफल हो जाती हैं। यह तब होता है, जब निर्णय लेने वाला अपने अहंकार को किसी ऐसी क्रियाविधि से जोड़ लेता है, जो कारगर नहीं हो रही है, या किसी ऐसे व्यक्ति में विश्वास करने लगता है, जो उस काम को स्पष्ट रूप से नहीं कर सकता, या किसी ऐसे प्रॉडक्ट अथवा सेवा में लगातार निवेश करता जाता है, जो बिक नहीं रही है।

जब कंपनियाँ प्रबंधकीय अहंकार में निवेश करती हैं, तो वे अक्सर अपने सर्वश्रेष्ठ सेल्सपीपुल, मार्केटिंग के सर्वश्रेष्ठ लोगों और अपने सबसे बड़े विज्ञापन बजट को वह प्रॉडक्ट बेचने पर केंद्रित कर लेती हैं, जो अब सफल नहीं है या इससे भी बुरी बात, कभी सफल नहीं रहा है, लेकिन चूँकि किसी ने इस प्रॉडक्ट के बारे में सोचा और इसे हरी झंडी दी, इसलिए कंपनी के बहुत सारे संसाधन बर्बाद हो गए।

एक कहावत है, "अगर घोड़ा मर गया है, तो उतर जाएँ!"

यह कहावत गड्ढों के नियम के सामंजस्य में है, "अगर आप ख़ुद को किसी गड्ढे में पाएँ, तो खुदाई करना छोड़ दें।" समाधान यह नहीं है कि आप असफलता और कुंठा के गड्ढे को ज़्यादा गहरा खोदते चले जाएँ। समाधान तो यह है कि आप कहीं और खुदाई शुरू करें - और किसी अलग दिशा में काम करें।

14

शून्य-आधारित सोच

शून्य-आधारित सोच उन सबसे शक्तिशाली विचारों में से एक है, जिनका इस्तेमाल आप रणनीतिक नियोजन में ही नहीं, बल्कि अपने पूरे करियर में कर सकते हैं। यह अवधारणा शून्य-आधारित अकाउंटिंग से उत्पन्न हुई है। अकाउंटिंग में हर अकाउंटिंग अवधि के अंत में आप हर मद के नीचे एक लकीर खींचते हैं और पूछते हैं, "इस क्षेत्र में कितना ज़्यादा या कम ख़र्च करें, यह तय करने के बजाय पहले हम यह करते हैं कि क्या हमें इस क्षेत्र में एक भी पैसा ख़र्च करना चाहिए?"

शून्य-आधारित सोच में आप इसी नीति का इस्तेमाल करते हैं। आप पीछे हटकर अपने व्यवसाय तथा निजी जीवन के हर हिस्से को देखते हैं और यह प्रश्न पूछते हैं, "अगर मैं इस वक़्त यह नहीं कर रहा होता, तो अपने वर्तमान ज्ञान के आधार पर क्या मैं इसे दोबारा शुरू करूँगा?"

हम इसे KWINK (Knowing What I Now Know) विश्लेषण कहते हैं। अपने वर्तमान ज्ञान के आधार पर क्या कोई ऐसी चीज़ है, जो मैं आज तो कर रहा हूँ, लेकिन अगर मुझे यह दोबारा करनी पड़े, तो नहीं करूँगा? उथल-पुथल और तीव्र परिवर्तन के दौर में लगभग हमेशा अपने व्यावसायिक या निजी जीवन में आपको एक ना एक उदाहरण मिल

जाएगा। अक्सर कई उदाहरण मिल जाएँगे। आप आज कई चीज़ें कर रहे हैं, जिन्हें आप दोबारा शुरू नहीं करेंगे, अगर आपको सब कुछ दोबारा करने का मौक़ा मिलता है।

आरामदेह दायरे से सावधान रहें

'आरामदेह दायरा' सफलता के सबसे बड़े शत्रुओं में से एक है। लोग निश्चित तरीक़े से निश्चित चीज़ें करने में आरामदेह बन जाते हैं। इसके बाद वे किसी भी परिवर्तन का प्रतिरोध करते हैं। परिवर्तन का यह प्रतिरोध लोगों से ग़लत चीज़ें कराता रहता है, तब भी जब वे जानते हैं कि वे ग़लत हैं। इसी वजह से जब उन्हें रुक जाना चाहिए और किसी नई चीज़ को आज़माना चाहिए, उसके बाद भी काफ़ी समय तक वे ग़लत चीज़ें करते चले जाते हैं।

भविष्य बनाने का मतलब अक्सर *अतीत* को छोड़ना होता है। किसी नई चीज़ को शुरू करने का आमतौर पर यह मतलब होता है कि आपको कोई *पुरानी चीज़* करना छोड़ना होगी। पहली बार किसी चीज़ में अंदर जाने का आमतौर पर यह मतलब होता है कि आपको समय और संसाधन मुक्त करने के लिए दूसरी चीज़ों से बाहर निकलना होगा। शून्य-आधारित सोच आपकी मानसिकता को साफ़ रखने और भविष्य के लिए आपकी सोच को स्वतंत्र करने का एक अनिवार्य औज़ार है।

मुख्य प्रश्न पूछें

जब हम संगठनों के लिए रणनीतिक नियोजन तैयार करते हैं, तो वर्तमान ज्ञान वाले विश्लेषण के साथ व्यवसाय का सुनियोजित KWINK विश्लेषण करना हमारा पहला काम होता है :

1. क्या आपके व्यवसाय में कोई ऐसी चीज़ है, जिसे आप वर्तमान ज्ञान के आधार पर दोबारा शुरू नहीं करेंगे, यदि आपको यह दोबारा करना पड़े?

2. क्या कोई ऐसा प्रॉडक्ट या सेवा है, जिसे आप अपने वर्तमान ज्ञान के आधार पर दोबारा बाज़ार में नहीं उतारेंगे?
3. क्या कोई ऐसी व्यावसायिक प्रक्रिया, निवेश या प्रणाली है, जिसे आप अपने वर्तमान ज्ञान के आधार पर आज दोबारा शुरू नहीं करेंगे?
4. क्या आपके व्यवसाय में कोई ऐसा कर्मचारी या अधिकारी है, जिसे आप अपने वर्तमान ज्ञान के आधार पर अपनी कंपनी में दोबारा नहीं रखेंगे, अगर आपको यह दोबारा करना पड़े?
5. क्या समय, पैसे या भावना का कोई ऐसा निवेश है, जिसे आपने किया है और वर्तमान में कर रहे हैं, लेकिन जिसे आप अपने वर्तमान ज्ञान के आधार पर आज दोबारा नहीं करेंगे?

अपनी डूबी लागत तय करें

अकाउंटिंग में एक सिद्धांत है, जिसे 'डूबी लागत' कहा जाता है। इसका मतलब है ऐसा पैसा, जो *हमेशा के लिए* चला गया है। इसे वापस नहीं पाया जा सकता। यह किसी जहाज़ से समुद्र में फेंके गए अहरन जैसा होता है। यह डूब गया है, हमेशा के लिए जा चुका है और इसे दोबारा नहीं पाया जा सकता।

व्यवसाय में समय या पैसे के कई ख़र्च अथवा निवेश डूबी लागतों की श्रेणी में आते हैं। वे हमेशा के लिए जा चुके होते हैं। समस्या तब होती है, जब लोग 'बुरे पैसे के पीछे अच्छा पैसा फेंकते' चले जाते हैं। वे किसी प्रॉडक्ट या काम में समय, पैसों और संसाधन का निवेश इस कोशिश में करते रहते हैं कि वे किसी तरह पहले वाले पैसे को दोबारा पालें, लेकिन यह संभव नहीं है। पैसा, समय या भावना हमेशा के लिए जा चुकी होती है। यह डूबी लागत है।

आपका काम अतीत की समस्याओं या बुरे निर्णयों की चिंता करने के बजाय आने वाले कल के अवसरों पर ध्यान केंद्रित करना है। आपका काम अतीत की घटनाओं के बारे में सोचना नहीं है, जिन पर आपका कोई नियंत्रण नहीं है और जिन्हें आप नहीं बदल सकते। आपका काम तो *भविष्य* के बारे में सोचना है, जिसे आप नियंत्रित कर सकते हैं और जिसके बारे में आप इस समय कुछ कर सकते हैं।

सही या ग़लत निर्णय

आपके हिसाब से आगे चलकर व्यवसाय में आपके कितने प्रतिशत निर्णय ग़लत निकलेंगे? अमेरिकन मैनेजमेंट एसोसिएशन के एक अध्ययन और हज़ारों मैनेजरों से लिए गए इंटरव्यू के अनुसार 70 प्रतिशत कारोबारी निर्णय आगे चलकर ग़लत साबित होते हैं। ग़लती की गंभीरता में फ़र्क़ हो सकता है। वे थोड़े ग़लत हो सकते हैं, ज़्यादा ग़लत हो सकते हैं या तबाही भरे साबित हो सकते हैं।

इसका मतलब है कि आप भी शायद 70 प्रतिशत बार या इससे ज़्यादा बार ग़लत निर्णय लेंगे। याद रखें, 70 प्रतिशत सिर्फ़ औसत आँकड़ा है। कुछ लोग इस औसत के ऊपर होते हैं, तो कुछ नीचे होते हैं।

व्यवसाय में सफलता की एक बहुत महत्त्वपूर्ण रणनीति यह निर्णय लेना है कि आप अपने नुक़सान को सीमित रखेंगे। जब आपको अहसास हो जाए कि आपने बुरा निर्णय ले लिया है, तो अपने नुक़सान की भरपाई करने की कोशिश में इसमें ज़्यादा पैसे व संसाधन ना डालें। इसके बजाय यह स्वीकार करें कि आपने एक ग़लत निर्णय ले लिया था, फिर अपने नुक़सान को सीमित करें और आगे बढ़ जाएँ। शून्य-आधारित सोच का अभ्यास करें।

आपको कैसे पता चलेगा?

आपको यह कैसे पता चलेगा कि आप किसी शून्य-आधारित सोच वाली स्थिति से जूझ रहे हैं? जवाब आसान है : तनाव! जब भी आपको

दीर्घकालीन तनाव महसूस हो – ऐसा तनाव जो पीछा ही ना छोड़ता हो, ऐसा तनाव, जिसकी वजह से आप लगातार चिंतित रहते हों और अक्सर रात को जागते रहते हों – तो आप शायद शून्य-आधारित सोच वाली स्थिति का सामना कर रहे हैं।

आपका काम यह है कि आप इतना *साहस* बटोरें कि ईमानदारी से स्थिति का सामना कर सकें, फिर वह करें, जो आप जानते हैं कि आपको करना चाहिए। अपने दिमाग़ के साथ खेल ना खेलें। यह हसरत या उम्मीद ना रखें कि चीज़ें बेहतर हो जाएँगी या समस्या दूर चली जाएगी। आशा कोई रणनीति नहीं है।

इसके बजाय तनावपूर्ण स्थिति की तरफ़ सीधे देखें और पूछें, "अगर मैं इस वक़्त इस स्थिति में नहीं होता, तो क्या मैं अपने वर्तमान ज्ञान के आधार पर इसमें दोबारा उतरता?"

अगर जवाब "नहीं!" है, तो अगला सवाल यह है, "मैं इस स्थिति से बाहर कैसे निकलूँ और कितनी जल्दी?"

अब बहुत देर हो चुकी है

यहाँ एक महत्त्वपूर्ण खोज बताई जा रही है। जब आप स्वीकार करते हैं कि आप किसी ख़ास स्थिति में दोबारा नहीं जाते, अगर आपको यह दोबारा करना पड़ता, तब तक स्थिति को बचाने के लिए बहुत देर हो चुकी होती है। खेल ख़त्म हो चुका है। कुछ नहीं किया जा सकता। यह डूबी लागत बन चुकी है। अब एकमात्र सवाल यह है, इस स्थिति को ख़त्म करने के लिए आप कितना इंतज़ार करेंगे और इसमें अतिरिक्त समय, धन और भावना का कितना निवेश करेंगे?

तुर्की की एक कहावत है, "आप ग़लत मार्ग पर चाहे कितनी ही दूर चले गए हों, मुड़ जाएँ।"

अपने जीवन के हर हिस्से में शून्य-आधारित सोच का अभ्यास करने का साहस और ईमानदारी रखें और फिर उसी तरफ़ जाएँ, जहाँ आपका जवाब आपको ले जाता है। अगर व्यक्ति या प्रॉडक्ट असफल हो चुका है और यह साफ़ नज़र आता है कि स्थिति बेहतर नहीं बनने वाली है, तो अपने नुक़सान को सीमित कर लें। स्थिति को ख़त्म करें और आगे बढ़ जाएँ।

अपने जीवन और अपने भविष्य की बागडोर थामें। निर्णय लें। उम्मीद भरी प्रार्थना ना करें कि स्थिति किसी तरह ख़ुदबख़ुद उलट जाएगी और बेहतर बन जाएगी। ऐसा शायद ही कभी होता है।

15

आक्रमण करें

सिकंदर लगभग हमेशा श्रेष्ठ सेना रखने वाले अपने दुश्मनों से लड़े थे। वे रक्षात्मक नहीं हो सकते थे और इस बात का इंतज़ार नहीं कर सकते थे कि शत्रु उनकी छोटी सेना को घेर ले। युद्धभूमि को नियंत्रित करने के लिए उन्हें हमेशा आक्रमण के संदर्भ में सोचना पड़ता था। वे हमेशा शत्रु पर हमला करने के बारे में सोचते रहते थे और युद्ध को शत्रु खेमे में ले जाने पर सोचते थे।

व्यवसाय में भी आपको आक्रमण की रणनीति पर चलना चाहिए। इसके लिए आपको नए, बेहतर, ज़्यादा तेज़, ज़्यादा सस्ते और उपयोग में ज़्यादा आसान प्रॉडक्ट्स और सेवाएँ बाज़ार में लगातार लाने की ज़रूरत होगी। आप नई प्रौद्योगिकियों को उतारते हैं। आप मार्केटिंग करने और प्रॉडक्ट्स बेचने के नए तरीक़ों का इस्तेमाल करते हैं। आप अपने भाव की रणनीतियों और लागत के तंत्रों को लगातार बदलते रहते हैं। आप दूसरी कंपनियों के साथ संयुक्त उपक्रम और रणनीतिक गठबंधन करते रहते हैं, ताकि आप वर्तमान से भिन्न बाज़ारों में प्रवेश कर सकें और अपने प्रतिस्पर्धियों को पछाड़ सकें।

बिज़नेस मॉडल नवाचार

वर्तमान व्यावसायिक विचार के सबसे रोमांचक क्षेत्रों में से एक बिज़नेस मॉडल नवाचार है। कई कंपनियाँ अब भी किसी दक़ियानूसी बिज़नेस मॉडल का इस्तेमाल करके अपना अस्तित्व क़ायम रखने और प्रगति करने की कोशिश कर रही हैं, जो कुछ साल पहले तो शायद उचित था, लेकिन अब कारगर नहीं है।

आज आपका बिज़नेस मॉडल क्या है? क्या यह वर्तमान माहौल में आपके व्यवसाय के लिए सही है?

आप एक आसान तरीक़े से यह जाँच कर सकते हैं कि आज आपका बिज़नेस मॉडल सही है या नहीं। क्या इससे *बिक्री और मुनाफ़ा लगातार बढ़ रहा है? क्या भावी बिक्री और मुनाफ़ा आज से ज़्यादा होने की तार्किक उम्मीद है?* अगर आपका व्यवसाय स्वस्थ तरीक़े से बढ़ रहा है, तो संभवतः आपका बिज़नेस मॉडल सही है। अगर आपका व्यवसाय स्वस्थ तरीक़े से और लगातार नहीं बढ़ रहा है, तो आपको शायद अपने बिज़नेस मॉडल पर पुनर्विचार करना चाहिए।

बेहतर तरीक़ा : मुफ़्त प्रॉडक्ट

इस समय चीज़ें जिस तरह से हो रही हैं, आप उसमें अपने अहंकार का निवेश ना करें। इसके बजाय हमेशा इस संभावना पर विचार करने को तैयार रहें कि इससे भी बेहतर तरीक़ा हो सकता है। एक उपयोगी अभ्यास यह है कि आप इस वक़्त जो कर रहे हैं, उसके ठीक विपरीत करने के बारे में सोचें। इससे आपके दिमाग़ में वे सारी संभावनाएँ आ जाती हैं, जो शायद आपको पहले नज़र नहीं आई होंगी।

अपनी पुस्तक *फ्री : द फ्यूचर ऑफ़ अ रेडिकल प्राइस* में लेखक क्रिस एंडरसन कहते हैं कि ज़्यादा प्रॉडक्ट्स को ज़्यादा ऊँचे दाम पर बेचने का सबसे अच्छा तरीक़ा कई बार इसे मुफ़्त देना होता है। आप ग्राहकों को

आकर्षित करने के लिए इसे पूरा या आंशिक तौर पर मुफ़्त देते हैं, ताकि आप अपने प्रॉडक्ट के आकर्षक होने को प्रदर्शित व प्रमाणित कर सकें।

इसे मुफ़्त दे दें?

गैरी वेनरचक की 2014 की पुस्तक *जैब, जैब, जैब, राइट हुक* दिखाती है कि कैसे कंपनियाँ, ख़ासतौर पर इंटरनेट आधारित कंपनियाँ, कोई प्रॉडक्ट बेचने से पहले लगातार तीन मुफ़्त प्रॉडक्ट्स देकर अपने व्यवसाय का विकास कर सकती हैं और तेज़ी से कर सकती हैं।

जो लोग और कंपनियाँ ग्राहक से पैसे वसूलने की आदी हैं, उन्हें यह विचार थोड़ा क्रांतिकारी या सनकी लग सकता है कि इतने प्रतिस्पर्धी बाज़ार में विश्वसनीयता और विश्वास जमाने के लिए प्रॉडक्ट्स या सेवाओं को मुफ़्त दिया जाए। बहरहाल, आज बहुत सारी कंपनियाँ 'लेने के लिए देने' के मॉडल का इस्तेमाल कर रही हैं और करोड़ों डॉलर का सामान बेच रही हैं।

गुणवत्ता में बढ़त लें

2013 में *इंक.* मैग्ज़ीन ने अमेरिका की 500 सबसे तेज़ी से विकास कर रही छोटी और मझौली कंपनियों का अध्ययन किया। शोधकर्ताओं का निष्कर्ष था कि अपने व्यवसाय को बढ़ाने के लिए पैसे का निवेश करने का सबसे अच्छा तरीक़ा अपने प्रॉडक्ट या सेवा की गुणवत्ता को बेहतर बनाना है। इसकी बदौलत बिक्री और मुनाफ़ा भविष्य में इतना ज़्यादा बढ़ेगा, जितना किसी दूसरी चीज़ से नहीं बढ़ सकता।

सच तो यह है कि गुणवत्ता मार्केटिंग की एक *आक्रामक* रणनीति है। गुणवत्ता मुनाफ़े की रणनीति है। हर क्षेत्र में जो कंपनियाँ गुणवत्ता के क्षेत्र में आगे हैं, वे उस क्षेत्र की सबसे लाभदायक कंपनियाँ भी हैं। आज संसार में प्रति वर्ग फुट सबसे ज़्यादा कमाई करने वाला रिटेल स्टोर टिफ़ैनी एंड कंपनी है। दूसरे नंबर पर एप्पल है। दोनों ही अपने-अपने

उद्योगों में गुणवत्ता के माने हुए लीडर हैं। आप किस स्थान पर आते हैं?

ख़ुद को दोबारा गढ़ें

अपनी पुस्तक *द रोड टु रिइनवेंशन* में लेखक जॉश लिंकनर दिखाते हैं कि कंपनियाँ ख़ुद को लगातार दोबारा गढ़कर कैसे आक्रामक बन सकती हैं। इसका मतलब सिर्फ़ वैकल्पिक योजना होना नहीं है - इसका मतलब तो पहल करना और अपनी कंपनी को बदलना है, अपने प्रतिस्पर्धियों की नज़रों में आने से पहले। यदि आप अपनी कंपनी को सफलतापूर्वक दोबारा गढ़ना चाहते हैं, तो आपको लिंकनर के बताए आठ सिद्धांतों पर चलना चाहिए :

1. *अतीत को जाने दें।* जो बीत गया, सो बीत गया। आप अतीत से कुछ सबक़ तो ले सकते हैं, लेकिन इसे जाने दें।
2. *साहस को प्रोत्साहित करें।* जब आपके कर्मचारी या मैनेजर कुछ अलग करना चाहते हों, तो उन्हें दंड ना दें। इसके बजाय उन्हें पुरस्कार दें!
3. *असफलता को अंगीकार करें।* अगर कर्मचारी असफल होने से घबराएँगे, तो वे कभी किसी नई चीज़ की कोशिश ही नहीं करेंगे। असफलताओं के ज़रिये ही आप वे सबक़ सीखते हैं, जिनसे आप अपनी भावी सफलता का निर्माण करते हैं।
4. *विपरीत करें।* मैं इस रणनीति का ज़िक्र पहले ही कर चुका हूँ और लिंकनर इस बात से सहमत हैं। प्रतिकूल काम करने वाला बनें, अप्रत्याशित करें। जो होगा, उसे देखकर आप हैरान रह जाएँगे।
5. *संभावनाओं की कल्पना करें।* अपनी आँखें बंद कर लें। अवरोधों और बाधाओं के बारे में भूल जाएँ - उन्हें अपने

दिमाग़ से बाहर निकाल दें। आपको क्या नज़र आता है?

6. *ख़ुद को व्यवसाय से बाहर निकालें।* बहुत सारी कंपनियाँ अपने प्रॉडक्ट खाने या गला दबाने से डरती हैं। वे सोचती हैं कि अगर वे नया प्रॉडक्ट उतारेंगी, तो ग्राहक उनका पुराना प्रॉडक्ट ख़रीदना छोड़ देंगे! यह एक जाल है, क्योंकि अगर आप अपने पुराने प्रॉडक्ट की जगह एक नया प्रॉडक्ट बना सकते हैं, तो आपके प्रतिस्पर्धी भी ऐसा कर सकते हैं। अपने प्रॉडक्ट ख़ुद खा लें... वरना कोई दूसरा खा जाएगा।
7. *सीमाओं को अस्वीकार कर दें।* हमेशा नकारात्मक लोग रहेंगे। किसी ने भी आज तक ऐसी कोई महत्त्वपूर्ण चीज़ नहीं की है, जिसके बारे में किसी ने यह ना कहा हो कि इसे नहीं किया जा सकता। यह निर्णय लें कि सीमाएँ आप पर लागू नहीं होती हैं।
8. *आगे लक्ष्य साधें।* आगे की तरफ़ देखें, इस समय जो हो रहा है, उससे आगे जाकर यह देखें कि भविष्य में क्या हो रहा होगा। रुझानों को भाँपें।

अगर सब कुछ जल जाए

अपने व्यवसाय को संसाधनों और क्षमताओं का समूह मानें। उन संसाधनों और क्षमताओं का इस्तेमाल करके आप कई प्रॉडक्ट्स तथा सेवाएँ बना सकते हैं और बेच सकते हैं – और ज़रूरी नहीं है कि वे वही हों, जिन्हें आप आज बेच रहे हैं।

कल्पना करें कि आप एक सुबह ऑफ़िस पहुँचते हैं और देखते हैं कि रात को आपकी कंपनी जलकर राख हो चुकी है। सौभाग्य से कोई कर्मचारी इमारत में मौजूद नहीं था, लेकिन बाक़ी हर चीज़ राख हो चुकी है।

आपको अब अपना व्यवसाय शून्य से दोबारा शुरू करना होगा। इससे आपके सामने कई प्रश्न आएँगे, जिनके आपको जवाब देने चाहिए :

- आप कौन से प्रॉडक्ट बनाना और बेचना चाहेंगे? अपने वर्तमान ज्ञान के आधार पर आप कौन से प्रॉडक्ट नहीं बनाने का निर्णय लेंगे?
- किन ग्राहकों तक आप पहुँचने की कोशिश करना चाहते हैं? अपने वर्तमान ज्ञान के आधार पर आप किन ग्राहकों को दोबारा बनाने की कोशिश ना करने का निर्णय लेंगे?
- किन कर्मचारियों को आप नए व्यवसाय में अपने साथ रखेंगे? अपने वर्तमान ज्ञान के आधार पर आप किन कर्मचारियों को रखने से इंकार कर देंगे?

अब जब आप शून्य से शुरू करने की इस मानसिकता में हैं, तो अपनी कंपनी में आग लगने का इंतज़ार ना करें। क़दम बढ़ाएँ और अपनी कंपनी को दोबारा गढ़कर अपने प्रतिस्पर्धियों को हैरान कर दें।

16

लचीलेपन की जीत होती है

अध्याय दो में मैंने युक्ति का सिद्धांत बताया था। व्यवसाय में इसका मतलब यह है कि आपके परिवेश में जो भी होता है, उस पर प्रतिक्रिया करने और नवाचार करने का आपके पास कितना लचीलापन है।

युक्ति के सिद्धांत के लिए यह ज़रूरी है कि आप लगातार भाँपें कि *क्या हो सकता* है। आप वैकल्पिक स्थितियाँ तैयार करते हैं। आप आवश्यकता पड़ने पर बाज़ार में आगे, पीछे और एक तरफ़ हटने की योजना तैयार रखते हैं। आप संकल्प लेते हैं कि कभी किसी एक योजना में नहीं अटके रहेंगे, जहाँ आपके पास कोई लचीलापन या दूसरा कोई विकल्प ना हो। आप लगातार अपने विकल्प खुले रखते हैं और नए विकल्प तैयार करते हैं।

सीमित सोच से बचें

डेरियस के पास सिर्फ़ एक योजना थी। उसकी योजना यह थी कि उसके रथ पर सवार सैनिक मैसेडोनिया की सेना की रक्षा पंक्ति को भेद देंगे, जिससे उनका मनोबल कम हो जाएगा, फिर उसके सैनिक आगे बढ़ेंगे और कम मनोबल वाली बाक़ी सेना को घेर लेंगे और मिटा देंगे। वे जीत

जाएँगे, लेकिन जब रथ पर सवार सैनिक कामयाब नहीं हुए, तो डेरियस के पास कोई वैकल्पिक योजना नहीं थी। उन्होंने वह सबसे बड़ा साम्राज्य खोकर इसकी क़ीमत चुकाई, जो संसार में आज तक कभी देखा गया है।

अगर डेरियस के रथ पर सवार सैनिक उसकी सेना को भेद देते, तो सिकंदर के पास वैकल्पिक योजना तैयार थी। उनके सैनिक तैयार थे कि वे जल्दी से युक्ति नीति पर चलकर दो क़तारों में बँटकर रथियों को बड़ा मार्ग दे देंगे, ताकि डेरियस के रथी सिकंदर की सेना के पिछले हिस्से में पहुँच जाएँ, जहाँ उनके विशेष सैनिक उनके टुकड़े-टुकड़े करने का इंतज़ार कर रहे थे।

आपातकालीन योजनाएँ तैयार करें

रॉयल डच शेल संसार की सबसे सफल कंपनियों में से एक है। यह सौ देशों में तेल और गैस निकालती है। इसके पास गैस तथा तेल को जहाज़ों और रिफ़ाइनरीज़ तक पहुँचाने वाली पाइपलाइनें भी हैं। शेल जिन देशों में काम करती है, वहाँ तक ईंधन पहुँचाने के लिए इसके पास जहाज़ भी हैं। इसके बाद यह सुनिश्चित करती है कि ईंधन उस बाज़ार के गैस स्टेशनों और पंप चलाने वाले तक पहुँच जाए।

रॉयल डच शेल अपनी 'आपातकालीन योजना' के लिए भी मशहूर है। इतने वर्षों में कंपनी किसी भी दुर्घटना या आपातकालीन स्थिति से निबटने की 600 आपातकालीन योजनाएँ बना चुकी है, जो संसार में कहीं भी हो सकती है और जिनका इसके कामकाज पर असर पड़ेगा। चाहे युद्ध हो जाए, क्रांति हो जाए, आतंकवादी हमला हो जाए, जहाज़ मार्ग बंद हो जाएँ, सरकारें गिर जाएँ, किसी ख़ास क्षेत्र में गैस, तेल या बाज़ारों की आपूर्ति काटने के लिए सरकार अनुबंध रद्द कर दे, हर अनहोनी के लिए शेल के पास पहले से योजना तैयार है।

लचीला कार्यसंचालन

पहले विकासशील कार्यसंचालन केवल एक ही दिशा में होता था : उत्पादन बढ़ाना। उत्पादन बढ़ाना सबसे ज़्यादा उत्पादकता हासिल करने और प्रॉडक्ट की लागत कम करने का सबसे अच्छा तरीक़ा था। ज़्यादा बड़ी चीज़ों को बेहतर माना जाता था। 100 टन वाले दस डम्प ट्रक उतना ही बोझा ले जाते हैं, जितना कि दस टन वाले 100 डम्प ट्रक ले जाते हैं, लेकिन 100 टन वाले ट्रकों के लिए केवल 10 ड्राइवरों की ज़रूरत होती है, जबकि 10 टन वाले ट्रकों के लिए 100 ड्राइवरों की ज़रूरत होती है! चूँकि 100 टन वाले डम्प ट्रकों से लागत कम होती है, इसलिए पुरानी नीति यह थी कि जल्दी से जल्दी 100 टन के डम्प ट्रकों की संख्या बढ़ाएँ।

यह पुराना दृष्टिकोण था, लेकिन कोलंबिया बिज़नेस स्कूल के प्रोफ़ेसर गैरेट वैन राइज़िन और कोलंबिया यूनिवर्सिटी के स्कूल ऑफ़ इंजीनियरिंग एंड एप्लाइड साइंस के प्रोफ़ेसर क्लॉज़ लैकनर के अनुसार पुराना तरीक़ा शायद सबसे कार्यकुशल तरीक़ा नहीं था। नई ऑटोमेशन और संचार प्रौद्योगिकियाँ नियमों को बदल रही हैं। अब छोटी इकाइयों की बड़ी संख्या बड़ी इकाइयों की छोटी संख्या से बेहतर हो सकती है, क्योंकि उनसे आपको लचीलापन मिलता है।

एक उदाहरण देखें। उद्योग में क्लोरीन रसायन का व्यापक इस्तेमाल होता है। समस्या यह है कि इसका परिवहन बहुत ख़तरनाक होता है। पुराने नियमों के तहत उत्पादक श्रम और अन्य लागतों पर पैसे बचाने के लिए बड़े-बड़े क्लोरीन प्लांट बनाते थे, क्योंकि बड़े पैमाने पर उत्पादन करना किफ़ायती होता था, लेकिन ऑटोमेशन और प्रौद्योगिकी के आगमन के बाद प्लांट की श्रम लागतें बहुत कम हो चुकी हैं। दूसरी ओर, बड़े-बड़े प्लांट लगाने का मतलब यह भी होता है कि क्लोरीन का लंबी दूरी तक ख़तरनाक परिवहन करना होगा। इसलिए बड़े प्लांट बनाने के बजाय क्लोरीन उत्पादक बहुत से छोटे-छोटे क्लोरीन प्लांट बना रहे हैं, जो स्वचालित हों और जिनकी दूर से निगरानी की जा सके।

छोटा बेहतर होता है

वैन राइज़िन और लैकनर बड़े पैमाने पर उत्पादन की पुरानी अर्थव्यवस्था की रणनीति छोड़ने के लाभ बताते हैं :

- *जोखिम में कमी।* बड़े पैमाने के औद्योगिक हादसे होने की कम आशंका रहती है।
- *वित्तीय लचीलापन।* बड़े प्लांट अक्सर पूरी क्षमता पर नहीं चलते हैं। छोटा प्लांट बनाएँ। जब ज़रूरत पड़े, तो एक और छोटा प्लांट बना लें।
- *काम करने का लचीलापन।* अगर आपकी ज़रूरतें कम हो जाएँ, तो किसी छोटे प्लांट को पूरी तरह से बंद करना आसान होता है। अगर आपके पास केवल बड़े प्लांट हैं, तो आपको उन्हें चालू रखना होगा।
- *भौगोलिक लचीलापन।* आप आपूर्ति और माँग के स्रोतों के नज़दीक छोटे प्लांट बना सकते हैं।

जब आपके उद्योग में हर व्यक्ति अब भी यही सोच रहा है कि बड़ा बेहतर है, तब छोटे और लचीला बनना आपके प्रतिस्पर्धियों को युक्ति से हराने का एक बड़ा तरीक़ा है।

17

नए बाज़ार बनाएँ

यहाँ एक जोखिम भरी रणनीति बताई जा रही है, जिसका भारी पुरस्कार मिल सकता है : एक नया बाज़ार बनाना। नया बाज़ार बनाने का सबसे अच्छा तरीक़ा सबसे पहले समस्या को खोजना है। ऐसी समस्याएँ होती हैं, जिनका कोई समाधान नहीं होता। तब नया बाज़ार ही आपका समाधान है। आज हमारी सड़कों पर मिनीवैन बड़ी तादाद में देखी जा सकती हैं, लेकिन कुछ समय पहले तक मिनीवैन का बाज़ार मौजूद ही नहीं था। क्राइसलर ने इस बात को पहचाना कि गैस खाने वाली पूरे आकार की वैन कम लोकप्रिय होती जा रही है। उन्होंने वैन के छोटे संस्करण की ज़रूरत को भाँप लिया। इससे एक नया और बहुत लाभदायक बाज़ार पैदा हो गया।

चार मार्ग

क्रिएटिंग एंड डॉमिनेटिंग न्यू मार्केट्स पुस्तक में पीटर मेयर नए बाज़ार बनाने और उन पर वर्चस्व जमाने के चार मार्ग बताते हैं।

मार्ग 1. अज्ञात ग्राहक समूह के लिए कोई नया प्रॉडक्ट बनाएँ। यह सबसे जोखिम भरा मार्ग है। आप एक नए ग्राहक समूह के लिए

एक नया प्रॉडक्ट बना रहे हैं। आपको कोई अनुभव या ज्ञान नहीं है, जिसका आप लाभ ले सकें या इस्तेमाल कर सकें। आप एक कोरी स्लेट से शुरू कर रहे हैं। अगर आप सही समस्या पर प्रहार कर देते हैं, तो सफल होना असंभव नहीं है। जब नेटस्केप ने वेब ब्राउज़र बनाया था, तो इसने अनजान ग्राहकों के लिए एक नया प्रॉडक्ट बनाया था - उस वक़्त ज़्यादातर लोग इंटरनेट का इस्तेमाल नहीं कर रहे थे। इसके सामने प्रश्न यह था कि क्या अंततः पर्याप्त लोग इंटरनेट का इस्तेमाल करेंगे, जिससे ब्राउज़र लाभदायक साबित होगा? क्या नेटस्केप ने इंटरनेट पर ब्राउज़िंग करने के लिए सही प्रॉडक्ट बनाया है? पीछे पलटकर देखने पर उत्तर स्पष्ट हैं, लेकिन इस प्रक्रिया की शुरुआत में नेटस्केप को परिणाम की ज़्यादा जानकारी के बिना निवेश करना पड़ा था।

मार्ग 2. किसी ज्ञात ग्राहक समूह के लिए कोई नया प्रॉडक्ट बनाएँ। पहले मार्ग के मुक़ाबले इस मार्ग में एक बड़ा लाभ यह है कि आपके पास थोड़ा ज्ञान और अनुभव होता है, जिसका आप लाभ ले सकते हैं, ख़ास तौर पर ग्राहक के साथ आपका इतिहास। आप जानते हैं या आपको काफ़ी अच्छा अंदाज़ा होता है कि ग्राहक इस समय क्या चाहते हैं या भविष्य में क्या चाहेंगे।

मार्ग 3. ज्ञात ग्राहक समूह के लिए कोई ज्ञात प्रॉडक्ट बनाएँ। हालाँकि यह सबसे आसान मार्ग लग सकता है, लेकिन दरअसल यह काफ़ी मुश्किल है, क्योंकि एक नया बाज़ार बनाने के लिए आपको अतीत में हो चुकी चीज़ों को छोड़ना होता है। अक्सर कंपनियाँ दरअसल नया बाज़ार नहीं बनाती हैं, वे तो विद्यमान बाज़ार का रूपांतरण ही बनाती हैं - वे बुनियादी तौर पर लाइन एक्सटेंशन से ज़्यादा कुछ नहीं कर रही हैं।

मार्ग 4. अज्ञात ग्राहक समूह के लिए कोई ज्ञात प्रॉडक्ट बनाएँ। यहाँ मार्ग 2 की तरह ही आपको थोड़े ज्ञान का लाभ मिलता है, लेकिन नवाचार की गुंजाइश रहती है। इसके फलस्वरूप जोखिम कम हो जाता है। आप जानते हैं कि इस प्रॉडक्ट को पिछले ग्राहकों ने ख़रीदा है, इसलिए

इस बात की काफ़ी ज़्यादा संभावना है कि नए ग्राहक भी इसे ख़रीदेंगे।

नए बाज़ार बनाने का सबसे महत्त्वपूर्ण घटक अपने ग्राहकों से पूछना है। लक्ष्य उनसे प्रॉडक्ट्स के बारे में नहीं, बल्कि समस्याओं के बारे में पूछना है। अगर आप प्रॉडक्ट्स के बारे में पूछेंगे, तो वे समस्या को उन प्रॉडक्ट्स के संदर्भ में ढाल देंगे, लेकिन आपका लक्ष्य नए प्रॉडक्ट्स के लिए विचार खोजना है। ग्राहकों को यह वर्णन करने दें कि उनके हिसाब से उनकी समस्याओं का सर्वश्रेष्ठ समाधान क्या होगा, वे समाधान नए प्रॉडक्ट्स या सेवाओं की ओर इशारा कर देंगे।

सफलता के मुख्य घटक

नए बाज़ार बनाने की रणनीति आसान जीत चाहने वालों के लिए नहीं है, लेकिन मेयर के अनुसार इन मार्गदर्शक सिद्धांतों पर चलकर आप सफलता की अपनी संभावनाओं को बढ़ा सकते हैं :

- *ग्राहक को गाड़ी चलाने दें।* वेंडर संचालित बाज़ारों के बजाय ग्राहक संचालित बाज़ारों में सफल होने का ज़्यादा मौक़ा होता है, क्योंकि ग्राहक आमतौर पर जानते हैं कि वे क्या चाहते हैं... और क्या नहीं चाहते हैं!
- *आसान मार्ग चुनें।* यदि संभव हो, तो मार्ग 2 या मार्ग 4 को चुनें। किसी पहले से मौजूद चीज़ (ज्ञात प्रॉडक्ट या ज्ञात ग्राहक समूह) पर निर्माण करें।
- *हर अवसर के पीछे ना लपकें।* हर अवसर ध्यान लायक़ नहीं होगा, ख़ासतौर पर अगर उससे आपके प्रयास केंद्रित ना रहकर बिखर रहे हों।
- *विभिन्न विभागों के लोगों को टीम में शामिल करें।* नया बाज़ार कभी सिर्फ़ एक विभाग का क्षेत्र नहीं होगा। हर एक को शामिल होना होगा।

ब्लू ओशन रणनीति

ब्लू ओशन रणनीति की अवधारणा प्रोफ़ेसर डब्ल्यू. चान किम और प्रोफ़ेसर रेनी मॉबोर्न ने दी थी। यह इस विचार पर आधारित है कि ज़्यादातर कंपनियाँ समुद्र के उस हिस्से में लड़ती हैं, जहाँ प्रतिस्पर्धी भरे हुए हैं। उनके बीच की ख़ूनी प्रतिस्पर्धा समुद्र के उस हिस्से को लाल बना देती है। आज के सारे उद्योग लाल समुद्र हैं। प्रतिस्पर्धा से लड़ने के बजाय बेहतर रणनीति यह है कि अपना ख़ुद का बाज़ार बनाएँ : एक नीला समुद्र खोजें, जहाँ कोई प्रतिस्पर्धी ना हो।

यह करने के लिए किम और मॉबोर्न अपनी मशहूर पुस्तक *ब्लू ओशन स्ट्रेटजी* में कई तरीक़े और अवधारणाएँ बताते हैं। इस रणनीति के दिल में 'मूल्य नवाचार' है, जिसे वे 'विशिष्टीकरण और कम लागत की संयुक्त खोज' कहते हैं। ग्राहक विशिष्टीकरण चाहते हैं, ग्राहक की नज़रों में मूल्य प्रॉडक्ट की 'उपयोगिता' में से भाव को घटाने पर निकलता है। कंपनियाँ कम लागत चाहती हैं, कंपनियों के लिए मूल्य भाव में से प्रॉडक्ट बनाने की लागत को घटाने पर निकलता है।

मूल्य नवाचार उद्योग की प्रतिस्पर्धा वाले घटकों को हटाकर लागतों को कम करता है, लेकिन ऐसे घटक बनाकर मूल्य को बढ़ा देता है, जिन पर उद्योग प्रतिस्पर्धा नहीं करता है। मिसाल के तौर पर, कैनन के पारंपरिक प्रतिस्पर्धी छोटी-बड़ी कंपनियों को बड़े तथा टिकाऊ कॉपियर बेचते थे। कैनन के पास ख़रीदार यानी ग्राहक को बदलने का विचार आया। इसने कंपनियों के बजाय उन लोगों पर ध्यान केंद्रित करने का निर्णय लिया, जो कॉपियर का इस्तेमाल करते थे, यानी प्रशासकीय सहयोगी। अचानक मुख्य प्रतिस्पर्धी घटक बदल गए... और डेस्कटॉप कॉपियर उद्योग - एक चमचमाता नीला समुद्र (ब्लू ओशन) - पैदा हो गया।

18

अपनी प्रतिस्पर्धा चुनें

अपनी रणनीति चुनने का मतलब अपने प्रतिस्पर्धी को चुनना है। आपका प्रतिस्पर्धी आपकी बिक्री के स्तर, आपके भाव, आपके मुनाफ़े, आपके बाज़ार के हिस्से को तय करता है और यह तय करता है कि आप कितनी तेज़ी से या धीमे विकास करते हैं।

कहा जाता है कि युद्ध में शत्रु पर विचार किए बिना कोई रणनीति नहीं बनाई जा सकती - यह जानना कि शत्रु कौन है और उसके क्या करने की संभावना है। यही व्यवसाय के बारे में भी सच है। हार्वर्ड में प्रतिस्पर्धी लाभ पर अपने काम में माइकल पोर्टर बताते हैं कि आपके पूरे रणनीतिक नियोजन की बुनियाद में यह विचार होना चाहिए कि आपकी मार्केटिंग गतिविधियों पर प्रतिस्पर्धी क्या करेंगे या उनके क्या करने की संभावना है।

अपने प्रतिस्पर्धियों को पहचानें

आज आपके प्रॉडक्ट या सेवा के संदर्भ में आपका प्रतिस्पर्धी कौन या क्या है? आपके मुख्य प्रतिस्पर्धी कौन हैं? आपके छोटे प्रतिस्पर्धी कौन हैं?

और क्या है, जिससे आप प्रतिस्पर्धा कर रहे हैं? चूँकि आप एक निश्चित लाभ हासिल करने के लिए संभावित ग्राहक से निश्चित धनराशि माँग रहे हैं, इसलिए आपका संभावित ग्राहक उस धनराशि को किस दूसरी जगह ख़र्च कर सकता है, जिससे उसे समान या बेहतर लाभ मिल सकता है? यह एक बेहद महत्त्वपूर्ण प्रश्न है।

जब मैं कार्निवल क्रूज़ लाइन्स के साथ काम कर रहा था, तो मैंने कंपनी के एक्ज़ीक्यूटिव्ज़ से पूछा कि उनकी किन दूसरी क्रूज़ लाइन्स से प्रतिस्पर्धा है। उन्होंने मुझे बताया कि उनकी प्रतिस्पर्धा दूसरी क्रूज़ लाइन्स से नहीं थी। क्रूज़ कारोबार बढ़ रहा था और लगातार बढ़ रहा था, क्योंकि पूरे संसार में ज़्यादा लोग ज़्यादा समुद्री सैर कर रहे थे।

उन्होंने बताया कि उनका मुख्य प्रतिस्पर्धी 'ज़मीन पर मनाई जाने वाली वैकेशन' थी, जो जहाज़ पर वैकेशन मनाने का बड़ा विकल्प थी। उनका काम क्रूज़ को ज़मीनी वैकेशन से श्रेष्ठ स्थिति में रखना था।

धनराशि का वैकल्पिक उपयोग

आप अपने ग्राहक से जो पैसा माँगते हैं, उसका वैकल्पिक व्यय भी एक प्रतिस्पर्धी है। जैसा सैम वाल्टन ने एक बार कहा था, "हमारा केवल एक बॉस है। यह ग्राहक है। और ग्राहक अपना पैसा किसी दूसरी जगह ख़र्च करने का निर्णय लेकर किसी भी समय हमें नौकरी से निकाल सकता है।"

आपका संभावित ग्राहक वह पैसा कहाँ ख़र्च कर सकता है, ताकि उसे उतना ही या ज़्यादा लाभ या संतुष्टि हो? आप ख़ुद को कैसे पोज़ीशन कर सकते हैं, ताकि आपका प्रॉडक्ट या सेवा उस ग्राहक के लिए श्रेष्ठ चयन हो, जिसके पास वह पैसा किसी दूसरी जगह ख़र्च करने का विकल्प है?

अपने प्रतिस्पर्धी को चुनें

आपके प्रॉडक्ट या सेवा को चुनने का मतलब अपने प्रतिस्पर्धी को चुनना भी है। अक्सर आप किसी दूसरी कंपनी से प्रतिस्पर्धा करने का निर्णय लेकर अपने व्यवसाय को बदल सकते हैं। प्रतिस्पर्धी को बदलने से अक्सर आपका व्यवसाय पूरी तरह बदल सकता है।

एक बार जब आप अपने मुख्य और गौण प्रतिस्पर्धियों को पहचान लें, तो फिर उनकी शक्तियों और कमज़ोरियों का विश्लेषण करें। स्वयं की शक्तियों और कमज़ोरियों का अच्छी तरह विश्लेषण करें। आप अपने प्रतिस्पर्धियों के मामले में कहाँ कमज़ोर या असुरक्षित हैं? वे आपके मुक़ाबले कहाँ कमज़ोर या असुरक्षित हैं?

ख़ुद को श्रेष्ठ चयन के रूप में स्थापित करें

आप अपने प्रॉडक्ट्स या सेवाओं को इस तरह कैसे स्थापित कर सकते हैं, ताकि वे आपके प्रतिस्पर्धियों के मुक़ाबले स्पष्ट रूप से श्रेष्ठ हों? आप अपने प्रतिस्पर्धियों की तुलना में अपनी पेशकश को ज़्यादा आकर्षक बनाने के लिए क्या ज़्यादा या कम कर सकते हैं? आप अपने प्रतिस्पर्धियों की तुलना में अपने प्रॉडक्ट्स या सेवाओं को ज़्यादा आकर्षक बनाने के लिए क्या करना शुरू कर सकते हैं या क्या करना छोड़ सकते हैं?

इन प्रश्नों के जवाब देते वक़्त निष्पक्ष बनने का संकल्प लें। ख़ुद से सिर्फ़ यह नहीं कहें कि आप अपने प्रतिस्पर्धियों से बेहतर हैं। बैठकर इन प्रश्नों के उत्तर सावधानी से लिखें, फिर ग्राहकों और संभावित ग्राहकों के बीच बाज़ार शोध करें, ताकि यह सुनिश्चित हो जाए कि आपके निष्कर्ष सही हैं।

आपके निष्कर्षों की सटीकता की एकमात्र असली परीक्षा बाज़ार में होती है। जब आपके व्यवसाय में बिक्री और मुनाफ़े में लगातार वृद्धि होती है, तभी आपको पक्के तौर पर पता चलता है कि लाभों और भावों का आपका तालमेल सही है।

19

पूरी कंपनी को संलग्न करें

रणनीति लागू करते समय पूरी कंपनी को सुचारू ढंग से मिलकर काम करना चाहिए। हर व्यक्ति को रणनीति में विश्वास होना चाहिए और यह पता होना चाहिए कि उनके काम और गतिविधियों के संदर्भ में इसका क्या मतलब है। कंपनी के विभिन्न हिस्सों के सारे लक्ष्य और प्रक्रियाएँ एक ही दिशा में होनी चाहिए। यह संगठित कर्म का सिद्धांत है। सिकंदर की सेना संगठित सेना के रूप में मशहूर थी और इसके सैनिक युद्ध में एक दूसरे को सहारा देने के लिए हमेशा तत्पर रहते थे।

इसके विपरीत, डेरियस की सेना में परंपराओं, भाषाओं, सैन्य परंपराओं, प्रशिक्षण के स्तर और अधिकारियों के आधार पर कई अलग-अलग स्रोत थे - जिनमें से बहुत से तो अपने आस-पास के दूसरे लोगों की भाषा ही नहीं समझते थे। जब सेना बिखरने लगी, तो उन्हें संगठित रखने के लिए टीम की एकता या एक कमान नहीं थी। परिणाम विनाशकारी था।

पूरी टीम की ऐसी ही एकता आपकी कंपनी में भी होनी चाहिए। हर व्यक्ति को रणनीति को कारगर बनाने के लिए समर्पित होना चाहिए - इसका मतलब है कि आपके सभी कर्मचारियों को लक्ष्य हासिल

करने में एक-दूसरे की मदद करने के प्रति समर्पित होना चाहिए।

चूँकि वे तत्परता से एक दूसरे का समर्थन करते हैं और कंपनी के प्रति पूरी तरह से समर्पित और निष्ठावान होते हैं, इसलिए एकीकृत कंपनी के कर्मचारी एक 'लड़ाकू सेना' बन जाते हैं, जिससे वे बाज़ार में प्रतिस्पर्धियों से बहुत ज़्यादा लाभदायक स्थिति में आ जाते हैं। टीमवर्क का स्तर तो ऊँचा होता ही है, साथ ही वे अपने काम में भी पूरी तरह से संलग्न होते हैं। इसके फलस्वरूप वे ज़्यादा सृजनात्मक और नवाचारी होते हैं। उनका मनोबल ऊँचा होता है और वे एक दूसरे के साथ ज़्यादा अच्छी तरह से मिलकर रहते हैं। उनमें ज़्यादा दल भावना होती है।

मिलकर काम करने वाली व्यावसायिक इकाइयाँ

संभवतः आपकी कंपनी की अलग-अलग व्यावसायिक इकाइयाँ, व्यावसायिक प्रभाग या अधीनस्थ कंपनियाँ होंगी। अगर विभिन्न हिस्सों में एकता या एकीकरण नहीं है, तो कंपनी की रणनीति कमज़ोर पड़ सकती है। *मेकिंग स्ट्रेटजी वर्क* में व्हार्टन के प्रोफ़ेसर लॉरेंस जी. रेबिनियाक बताते हैं कि एकीकरण के लिए आपको तीन काम करने चाहिए या तीन निर्णय लेने चाहिए।

पहला, आपके पास इकाइयों के बीच किस तरह की *अंतर्निर्भरता* होनी चाहिए? अंतर्निर्भरता तीन प्रकार की होती है। न्यून अंतर्निर्भरता सबसे निचले स्तर की अंतर्निर्भरता होती है। बहुत कम समन्वय होता है। इकाइयाँ आत्मनिर्भर और स्व-निर्देशित होती हैं। दूसरा प्रकार है क्रमिक अंतर्निर्भरता। इसके लिए थोड़े ज़्यादा समन्वय और सहयोग की ज़रूरत होती है, क्योंकि एक इकाई में जो होता है, उसका दूसरी इकाई पर प्रभाव पड़ता है। तीसरा प्रकार है पारस्परिक अंतर्निर्भरता। यह सर्वोच्च स्तर का जुड़ाव और सहयोग है। हर इकाई दूसरी इकाइयों के साथ संप्रेषण करती है और उन पर निर्भर होती है।

दूसरे, आप यह कैसे सुनिश्चित कर रहे हैं कि इकाइयाँ जानकारी का आदान-प्रदान और ज्ञान का हस्तांतरण करें? संप्रेषण के महत्व पर जितना ज़ोर दिया जाए, कम है। यह जानें कि आप किससे बात कर रहे हैं। यह सुनिश्चित करें कि आप उन्हें जो ज्ञान दे रहे हैं, वे उसे समझते हैं और उसकी क़द्र करते हैं। कई बार, तकनीकी मुद्दे पूरी तरह से स्पष्ट नहीं किए जाते हैं। बाक़ी समय, यह संस्कृति संबंधी समस्या हो सकती है।

तीसरे, क्या आपने ज़िम्मेदारी और जवाबदेही को स्पष्ट किया है? अगर कर्मचारी यही नहीं जानते कि वे किसके लिए ज़िम्मेदार हैं, तो उनसे उस ज़िम्मेदारी को पूरा करने की अपेक्षा ना करें। ज़िम्मेदारी और जवाबदेही के बिना समन्वय और सहयोग संभव नहीं हैं।

कर्मचारियों को प्रोत्साहित करें

अगर आप कंपनी की रणनीति में अपने सभी कर्मचारियों को संलग्न करना चाहते हैं, तो इसके लिए आपको सही प्रोत्साहन तय करने होंगे। रेबिनियाक के अनुसार अच्छी तरह प्रोत्साहित करने की कुंजी है, ऐसे प्रोत्साहन देना, जिनसे कर्मचारियों का मनोबल कम ना हो (क्या आपके प्रोत्साहन उपलब्धि की आवश्यकता को चिंगारी देते हैं?)। ऐसे प्रोत्साहन, जो प्रेरणा को ईंधन और मार्गदर्शन देते हैं, लेकिन इसे बाहर से थोपने की कोशिश नहीं करते हैं (यह काम नहीं करता है)। ऐसे प्रोत्साहन, जो रणनीतिक उद्देश्यों से बँधे होते हैं और सही चीज़ों को पुरस्कृत करते हैं।

रेबिनियाक कहते हैं कि कर्मचारियों और मैनेजरों को प्रोत्साहित करने के अलावा आपको नियंत्रणों की एक प्रणाली की भी ज़रूरत पड़ेगी। नियंत्रण से आपको इस बारे में आवश्यक फ़ीडबैक मिलेगा कि आपके लोग कितनी अच्छी सक्रियता से रणनीति का समर्थन कर रहे हैं। नियंत्रण प्रभावी ढंग से काम कर रहे हैं, यह सुनिश्चित करने के लिए :

- काम करने वालों को पुरस्कार दें।
- वास्तविक तथ्यों का सामना करें।
- ज़िम्मेदारी और जवाबदेही स्पष्ट करें।
- समयबद्ध और प्रासंगिक जानकारी पाएँ।
- नेतृत्व की ज़िम्मेदारी निभाएँ, सही व्यवहार की मिसाल पेश करें और अधीनस्थों के साथ ईमानदार संबंध बनाएँ।
- रणनीतिक समीक्षा करें, जो रणनीति को स्पष्ट करे और अमल संबंधी उद्‌देश्य तय करे।

रणनीति को पूरी कंपनी में स्थापित करना

आपका लक्ष्य रणनीति को पूरी कंपनी में स्थापित करना है। इसका मतलब है कि आपके ज़्यादातर कर्मचारी रणनीति को पूरी तरह से समझ जाएँ, स्वीकार कर लें और अपना समर्थन दें।

रणनीति को स्थापित करने की कोशिश में कुछ बिज़नेस लीडर संगठनात्मक चार्ट में संदेश 'बहा देते' हैं। सीईओ शीर्ष मैनेजरों की अपनी टीम से आमने-सामने बात करते हैं, जो मध्यम स्तर के मैनेजरों से बात करते हैं, जो अपने निचले स्तर के अधीनस्थों से बात करते हैं, जो सुपरवाइज़रों से बात करते हैं और इस तरह वे श्रेणी में नीचे उतरते हुए अग्रिम पंक्ति के कर्मचारियों तक पहुँचते हैं।

यदि आपको कर्मचारियों को संलग्न करना है, तो आपको उन तक संदेश इस तरह से नहीं पहुँचाना चाहिए। आपको इससे ज़्यादा करने की ज़रूरत है। सीईओ को सीधे सभी कर्मचारियों से बात करनी चाहिए। 350 से ज़्यादा कंपनियों को भेजे गए सर्वे की 60,000 प्रतिक्रियाओं पर आधारित प्रोफ़ेसर चार्ल्स गैलुनिक का शोध बताता है कि कर्मचारी दरअसल उस रणनीति में विश्वास नहीं करते हैं, जो उनका सुपरवाइज़र उन्हें बताता है। वे रणनीति सीधे मुखिया के मुँह से सुनना चाहते हैं। वे

यह भी जानना चाहते हैं कि शीर्ष मैनेजर उनके फ़ीडबैक और विचारों पर ध्यान दे रहे हैं।

प्रोफ़ेसर गैलुनिक बताते हैं कि वरिष्ठ मैनेजरों का सीधा संवाद दो कारणों से महत्त्वपूर्ण होता है। पहला कारण, रणनीतिक लक्ष्य और दिशा व्यक्त करना हमेशा आसान नहीं होता और यह संभव है कि एक से दूसरे और फिर तीसरे और फिर चौथे व्यक्ति तक पहुँचते-पहुँचते संदेश ज़्यादा दुविधापूर्ण और अस्पष्ट हो जाए। याद रखें : स्पष्टता अनिवार्य है। मैनेजरों की क़तार से गुज़ारकर संदेश को विकृत या अस्पष्ट ना बनाएँ।

दूसरा कारण, कर्मचारी शीर्ष मैनेजरों की कही बात को ज़्यादा गंभीरता से लेते हैं। अगर सीईओ अग्रिम पंक्ति के कर्मचारियों से सीधे बात करने का समय निकाल रहा है, तो कर्मचारी समझ जाते हैं कि वह विषय महत्त्वपूर्ण है।

20

संगठनात्मक संरचना से फ़र्क़ पड़ता है

आपकी कंपनी किस तरह से संरचित है? निर्णय केंद्रीकृत हैं या फिर कारोबारी इकाइयों व अधीनस्थ कंपनियों में बहुत विकेंद्रीकृत हैं? आपका काम पूरे संसार में बिखरा हुआ है या आप एक ही जगह पर स्थित हैं, जहाँ एक ही छत के नीचे हर व्यक्ति काम करता है – उत्पादन से लेकर बिक्री और मार्केटिंग तक?

रणनीति के बारे में सोचते समय व्यावसायिक लीडर प्रॉडक्ट के विकास, बिक्री और मार्केटिंग के बारे में बहुत सोच-विचार करते हैं, लेकिन आपकी कंपनी की संरचना या तंत्र आपकी रणनीति के सफल क्रियान्वयन में काफ़ी फ़र्क़ डाल सकता है।

व्हार्टन के प्रोफ़ेसर लॉरेंस रेबिनियाक रणनीति को संरचना से जोड़ने का महत्व बताते हैं। वे कहते हैं कि यदि संरचना या तंत्र आपकी रणनीति के सामंजस्य में नहीं है, तो अच्छी से अच्छी रणनीति भी असफल हो सकती है।

रेबिनियाक पूछते हैं : आपकी रणनीति के कौन से हिस्से आपके चुने हुए तंत्र को प्रभावित करेंगे? आपके तंत्र के कौन से हिस्से आपकी रणनीति के क्रियान्वयन के लिए महत्त्वपूर्ण हैं?

मिसाल के तौर पर, अगर आप एक कमॉडिटी प्रॉडक्ट बनाते हैं, तो आपकी रणनीति यह होगी कि आप कम लागत वाले उत्पादक बनें, यानी आपका तंत्र बड़े पैमाने और दायरे की अर्थव्यवस्थाओं को हासिल करना चाहता है। आप किन कामों को मानक अंदाज़ में कर सकते हैं? आप लागत कम कैसे कर सकते हैं? आप किन कामों को दोहराने योग्य बना सकते हैं?

अगर आपकी रणनीति एक विशेषज्ञ कंपनी बनने की है या आप एक ख़ास प्रकार के ग्राहक के लिए कोई चीज़ बनाना चाहते हैं या यदि आपकी भौगोलिक एकाग्रता है, तो आप शायद भिन्न व्यावसायिक इकाइयों में विकेंद्रीकृत होना चाहेंगे, लेकिन इसके बावजूद आपको अपनी विकेंद्रीकृत इकाइयों में समन्वय करना होगा।

अगर आपकी रणनीति विशिष्टीकरण की है (देखें अध्याय दस), तो आपको अपने महँगे और सस्ते प्रॉडक्ट्स के लिए अलग-अलग व्यावसायिक प्रभाग बनाना चाहिए।

अगर आप वैश्विक कारोबार बनाना चाहते हैं, तो आपके तंत्र को आपके विश्वव्यापी प्रॉडक्ट्स का समर्थन करना चाहिए, लेकिन इसके साथ ही आपको विभिन्न भौगोलिक वरीयताओं का भी ध्यान रखना होगा। इस मामले में मैट्रिक्स संगठन एक अच्छा तंत्र है : आप अपने प्रॉडक्ट्स पर समानांतर ध्यान केंद्रित कर सकते हैं और विभिन्न भौगोलिक बाज़ारों पर लंबवत ध्यान केंद्रित कर सकते हैं।

निर्णय का केंद्रीकरण

ज़्यादातर कंपनियों को ख़ुद से जो तंत्र संबंधी प्रश्न पूछना चाहिए, वह यह है कि आप केंद्रीकरण करते हैं या नहीं? आप निर्णयों का अधिकार

अपने संगठन के प्रभागों या व्यावसायिक इकाइयों तक नीचे हस्तांतरित करते हैं या उन्हें मुख्यालय के पास ही रखते हैं?

मैकिन्ज़ी क्वार्टरली के एक लेख में बताया गया है कि केंद्रीकरण का निर्णय लेते वक़्त तीन बुनियादी प्रश्न पूछने चाहिए। अगर इन तीनों का उत्तर 'नहीं' है, तो कंपनी को केंद्रीकरण नहीं करना चाहिए। लेकिन अगर एक भी जवाब 'हाँ' में हो, तो इतना ही केंद्रीकरण के साथ आगे बढ़ने के लिए काफ़ी है।

1. *क्या केंद्रीकरण अनिवार्य है?* दूसरे शब्दों में, क्या यह आवश्यक है? कुछ निर्णय ऐसे होते हैं, जिनमें यह क़ानूनी बाध्यता होती है कि उन्हें सीईओ ही लें, लेकिन ज़्यादातर निर्णयों के संदर्भ में यह कंपनी पर निर्भर करता है कि कोई निर्णय लेने का अधिकार किसे दिया जाता है।
2. *क्या केंद्रीकरण महत्त्वपूर्ण मूल्य का सृजन करता है?* अगर आप अपने कारोबारी इकाई के प्रमुखों से कोई अधिकार छीन रहे हैं, तो इसके पीछे अच्छा वित्तीय कारण होना चाहिए। *मैकिन्ज़ी क्वार्टरली* निर्णय पर 10 प्रतिशत मुनाफ़े का सुझाव देता है।
3. *क्या जोखिम कम है?* अगर आपने पहले दोनों प्रश्नों का उत्तर 'नहीं' में दिया है, तो केंद्रीकरण के साथ आगे बढ़ने का एकमात्र कारण यह है कि केंद्रीकरण के आमतौर पर पड़ने वाले बुरे प्रभावों (जैसे पहलशक्ति का दमन या स्थानीय बाज़ारों के अनुरूप प्रॉडक्ट ढालने की अयोग्यता) का बहुत कम जोखिम है।

रणनीति शिखर पर बनती है, लेकिन पूरी कंपनी के हर व्यक्ति को इसका पालन करना चाहिए। पिछले अध्याय में मैंने कहा था कि यह सर्वश्रेष्ठ रहता है कि शीर्ष प्रबंधन सीधे संगठन के सभी स्तरों से संप्रेषण करे,

लेकिन जब रणनीति पर अमल करने की बात आती है, तो उससे संबंधित केंद्रीकरण के निर्णय बहुत सावधानी से लेने चाहिए। जब तक आप तीन पहले पूछे गए प्रश्नों का उत्तर 'हाँ' में ना दे सकें, तब तक अपनी रणनीति के दिन-प्रतिदिन के अमल का काम अपने प्रभाग और कारोबारी इकाई के लीडर्स के हाथ में ही रहने दें, लेकिन क़रीबी संपर्क में रहें, ताकि किसी कारण रणनीति के पटरी से उतरने पर तुरंत कार्रवाई की जा सके।

21

रणनीति निर्माण और अमल के पाँच चरण

वैश्विक परामर्शदाता कंपनी केपनर-ट्रेगो के सह-संस्थापक बेंजामिन ट्रेगो और कंपनी के प्रेसिडेंट माइक फ्रीडमैन ने रणनीति निर्माण और अमल के पाँच चरण तैयार किए हैं।

रणनीतिक जानकारी को जुटाना और विश्लेषण पहला चरण है। जैसा मैंने पहले कहा है कि रणनीति सही प्रश्न पूछने के बारे में है। फ्रीडमैन और ट्रेगो के पहले चरण में आपको पहले तो यह जानना होता है कि कौन से प्रश्न पूछें और फिर जाकर उस डाटा को खोजना होता है, जिससे आपको उन प्रश्नों का जवाब देने में मदद मिले। आज पहले से बहुत ज़्यादा डाटा या जानकारी उपलब्ध है। आज चतुराई यह समझने में है कि किस डाटा का इस्तेमाल करना है और किसे नज़रअंदाज़ करना है।

आपको सिर्फ़ वह डाटा खोजना चाहिए, जिससे आपके कारोबार संबंधी रुझानों और मान्यताओं का पता लगाने में मदद मिले। बाक़ी डाटा को नज़रअंदाज़ कर देना चाहिए।

भविष्य के बारे में सोचते समय अपने बाहरी परिवेश से शुरू करें। समाज, सरकार, राजनीति, प्रौद्योगिकी और अर्थव्यवस्था में ऐसी कौन सी प्रवृत्तियाँ हैं, जो आपके लिए प्रासंगिक हैं? इसके बाद अपने मुख्य खिलाड़ियों को प्रभावित करने वाले रुझानों पर नज़र डालें - आपके ग्राहक और सप्लायर। अपनी वैल्यू चेन पर नज़र डालें। यह भविष्य में कहाँ भिन्न होगी? सफलता के लिए किन मुख्य घटकों की आवश्यकता पड़ेगी? आपका उद्योग किस तरह बदलेगा?

अंदर देखें

इसके बाद वह डाटा निकालें, जिससे आपको अपनी कंपनी के आंतरिक घटकों से संबंधित प्रवृत्तियों को देखने में मदद मिलती हो। कौन सी चीज़ अच्छी तरह बिकती है, कौन सी नहीं बिकती और क्यों? आप किन ग्राहकों और बाज़ारों के संदर्भ में सफल हैं और क्यों?

अपनी पिछली रणनीतियों की चीरफाड़ करें। कौन सी रणनीतियाँ कारगर रही हैं और कौन सी नहीं रही हैं? किन रणनीतियों का समर्थन आपके कर्मचारियों और बाक़ी हिस्सेदारों ने किया था और किनका नहीं किया था? आपने पिछली रणनीतियों पर कितनी अच्छी तरह अमल किया था?

लक्ष्य वह सारा डाटा इकट्ठा करना है, जिसकी ज़रूरत आपको रणनीति निर्माण और क्रियान्वयन के बचे हुए चार चरणों के लिए होगी। इस चरण में आपके पास कुछ मान्यताएँ बनाने की जानकारी होती है कि भविष्य में आपका अंदरूनी और बाहरी माहौल कैसा दिखेगा - और आपको सफल होने के लिए क्या करने की ज़रूरत है। आप रास्ते की कुछ संभावित समस्याओं और संभावित अवसरों को भी पहचान सकते हैं।

दूसरा चरण है *रणनीति निर्माण* - यानी आप चुनते हैं कि आप किस रणनीति का अनुसरण करने वाले हैं। समयसीमा से शुरुआत करें।

रणनीति का एक अंतिम बिंदु होना चाहिए। जब आप भविष्य की बात करते हैं, तो आप किस समयावधि के बारे में बात कर रहे हैं?

आपकी समयावधि कंपनी के अंदर और बाहर की शक्तियों पर निर्भर होगी। नए नियम-क़ानून या आपके उद्योग में होने वाले परिवर्तन आपको निश्चित समयसीमा के भीतर रणनीति हासिल करने के लिए विवश करेंगे।

परिभाषित करने वाला दूसरा घटक आपकी कंपनी के बुनियादी विश्वास हैं। आपकी रणनीति कंपनी के मूल्यों और विश्वासों की पृष्ठभूमि में कार्य करती है। विश्वास आपकी कंपनी के दिन-प्रतिदिन के व्यवहार और परंपराओं का मार्गदर्शन करते हैं तथा आपकी कंपनी की संस्कृति बनाते हैं।

प्रेरक शक्ति

जब आप समय की अवधि तय कर लेते हैं और अपने बुनियादी विश्वास जान लेते हैं, तो अब आप प्रेरक शक्ति संबंधी निर्णय ले सकते हैं। प्रेरक शक्ति केपनर-ट्रेगो के निर्माण चरण के केंद्र में है। प्रेरक शक्ति ही आपको बताती है कि आप कौन से प्रॉडक्ट्स तथा सेवाएँ दें और किन बाज़ारों की सेवा करें (या ना करें)। मैंने अध्याय नौ में प्रेरक शक्ति का विस्तार से वर्णन किया है।

जब आप अपनी प्रेरक शक्ति चुन लें, तो अब आपको अपने प्रॉडक्ट्स तथा अपने लक्ष्य बाज़ारों को उस प्रेरक शक्ति के सामंजस्य में लाना है। आपको नए प्रॉडक्ट्स और नए बाज़ारों दोनों पर एक साथ हमला नहीं करना चाहिए। अपनी प्रेरक शक्ति से अपनी नई प्राथमिकताएँ तय होने दें, जबकि अपने सफल क्षेत्रों को क़ायम रखें। प्रॉडक्ट या सेवा केंद्रित प्रेरक शक्ति का मतलब है कि आपके पास सफल प्रॉडक्ट्स या सेवाएँ हैं। विकास या विस्तार के लिए आपको उन प्रॉडक्ट्स को नए बाज़ारों में बेचना होगा। बाज़ार की आवश्यकताओं पर केंद्रित प्रेरक शक्ति

के लिए यह आवश्यक है कि आप अपने बाज़ारों पर ध्यान केंद्रित करें और नए प्रॉडक्ट्स या सेवाएँ खोजें।

अगला क़दम उस रणनीति के वित्तीय लक्ष्य तय करना है। आप आरओआई या मुनाफ़े के संदर्भ में क्या उम्मीद करते हैं? आपकी आमदनी क्या होगी?

प्रॉडक्ट/बाज़ार मैट्रिक्स

चरण 2 यानी रणनीति निर्माण को ख़त्म करते समय एक प्रॉडक्ट/बाज़ार मैट्रिक्स बनाएँ, जो वर्तमान, संशोधित और नए प्रॉडक्ट्स को आड़े में ऊपर सूचीबद्ध करता हो और सभी वर्तमान, संशोधित तथा नए बाज़ारों को उनमें से हर प्रॉडक्ट के लिए खड़े में सूचीबद्ध करता हो। हर बॉक्स में प्रमुखता की स्थिति के बारे में निर्णय लें ('ज़्यादा' से 'लागू नहीं' या 'इसे मत करो' तक)। अब आपके पास आपकी रणनीतिक प्रोफ़ाइल का नक़्शा है।

फिर तीसरे चरण पर आगे बढ़ें : *रणनीति मास्टर प्रोजेक्ट नियोजन।* इस चरण में आप संभावित मुख्य प्रोजेक्टों की सूची बनाएँगे (जिनमें विद्यमान मुख्य प्रोजेक्ट शामिल होंगे जैसे आईटी को उन्नत करना), जो चरण 2 की रणनीतिक प्रोफ़ाइल और प्रॉडक्ट/बाजार मैट्रिक्स पर आधारित हैं, फिर हर संभावित प्रोजेक्ट का विश्लेषण करें और प्राथमिकीकरण करें। प्रोजेक्ट्स का यह समूह रणनीति के लिए आपकी कार्य योजना है।

रणनीति का क्रियान्वयन

फ़्रीडमैन और ट्रेगो के पाँच चरणों में चरण 4 *रणनीतिक क्रियान्वयन* है। यह मुश्किल हिस्सा है। प्रोजेक्ट बनाते वक़्त विवरणों पर ध्यान दें (और जब ज़्यादा संसाधन उपलब्ध हों, तो ज़्यादा प्रोजेक्ट जोड़ें)। हर चीज़ क्रियान्वयन को प्रभावित करती है। क्या आपके पास सही संगठनात्मक

तंत्र है (देखें अध्याय बीस)? क्या जानकारी उन लोगों तक पहुँच रही है, जिन तक पहुँचना ज़रूरी है?

इस चरण में जाँच करने वाला एक और महत्त्वपूर्ण मुद्दा है संस्कृति। क्या आपकी संस्कृति और रणनीति सामंजस्य में हैं? क्या आपकी कंपनी के मूल्य और विश्वास उन निर्णयों का समर्थन करते हैं, जो आपने प्रॉडक्ट्स, बाज़ारों और वित्तीय लक्ष्यों के संदर्भ में लिए हैं? अपने प्रदर्शन के लक्ष्यों को देखें। क्या आप कर्मचारियों को इस तरह से पुरस्कार दे रहे हैं, जिससे वे आपके तय रणनीतिक लक्ष्यों को हासिल करने के लिए प्रोत्साहित हों?

संप्रेषण क्रियान्वयन पहेली का अंतिम टुकड़ा है (देखें अध्याय उन्नीस)। यदि आप रणनीति को सफलतापूर्वक संप्रेषित नहीं कर रहे हैं, तो रणनीति डाल पर लटके-लटके ही मर जाएगी।

निगरानी करें, समीक्षा करें, अद्यतन करें

चरण 5 में आप अपनी रणनीति की *निगरानी* करते हैं, *समीक्षा* करते हैं और इसे *अद्यतन* करते हैं। कभी चूक ना करें। हो सकता है कि आपकी रणनीति अच्छी चल रही हो, लेकिन आपके क़रीब से ध्यान ना देने के कारण यह पटरी से उतर सकती है। क्या कर्मचारी या अधिकारी अपने रणनीतिक लक्ष्य हासिल कर रहे हैं? क्या रणनीतिक प्रोजेक्ट समय पर पूरे हो रहे हैं और क्या वे अपेक्षित परिणाम दे रहे हैं? चीज़ें बदलती हैं। अगर माहौल में कोई चीज़ बदलती है, तो हो सकता है कि आपको अपने कुछ पुराने रणनीतिक निर्णयों पर दोबारा सोचना पड़े। इसके अलावा, रणनीति बनाते वक़्त आपने जो मान्यताएँ बनाई थीं, उनमें से कुछ ग़लत भी साबित हो सकती हैं। इस मामले में आपको अपनी रणनीति में फेरबदल करना पड़ सकता है या किसी दूसरी दिशा में जाने की भी ज़रूरत पड़ सकती है।

याद रखें : रणनीतिकार का काम कभी ख़त्म नहीं होता।

लेखक के बारे में

ब्रायन ट्रेसी पेशेवर वक्ता, प्रशिक्षक, सेमिनार लीडर और परामर्शदाता तथा ब्रायन ट्रेसी इंटरनेशनल के चेयरमैन हैं, जो सोलना बीच, कैलिफ़ोर्निया स्थित एक प्रशिक्षण व परामर्शदात्री कंपनी है।

ब्रायन ने अपने ख़ुद के दम पर सफलता हासिल की। 1981 में व्याख्यानों तथा सेमिनारों के ज़रिये उन्होंने पूरे अमेरिका में वे सिद्धांत सिखाए, जिन्हें उन्होंने बिक्री और व्यवसाय में ईजाद किया था। आज उनकी पुस्तकें और ऑडियो तथा वीडियो प्रोग्राम - 500 से अधिक - 38 भाषाओं में उपलब्ध हैं और 55 देशों में इस्तेमाल हो रहे हैं।

वे पचास से ज़्यादा पुस्तकों के बेस्टसेलिंग लेखक हैं, जिनमें *फुल एंगेजमेंट* तथा *रिइनवेंशन* शामिल हैं।